DICIONÁRIO PROFISSIONAL DE RELAÇÕES PÚBLICAS E COMUNICAÇÃO

E GLOSSÁRIO DE TERMOS ANGLO-AMERICANOS

Dados Internacionais de Catalogação na Publicação (CIP)
(Câmara Brasileira do Livro, SP, Brasil)

Andrade, Cândido Teobaldo de Souza, 1919-
  Dicionário profissional de relações públicas e comunicação e glossário de termos anglo-americanos / Cândido Teobaldo de Souza Andrade. – 2. ed. rev. e ampl. – São Paulo : Summus, 1996.

  Bibliografia.
  ISBN 85-323-0571-7

  1. Comunicação – Dicionários 2. Relações públicas – Dicionários I. Título.

96-3452   CDD-001.503
                                                                  -659.203

Índices para catálogo sistemático:

1. Comunicação : Dicionários   001.503
2. Relações públicas : Dicionários 659.203

Compre em lugar de fotocopiar.
Cada real que você dá por um livro recompensa seus autores
e os convida a produzir mais sobre o tema;
incentiva seus editores a encomendar, traduzir e publicar
outras obras sobre o assunto;
e paga aos livreiros por estocar e levar até você livros
para a sua informação e o seu entretenimento.
Cada real que você dá pela fotocópia não autorizada de um livro
financia o crime
e ajuda a matar a produção intelectual de seu país.

DICIONÁRIO PROFISSIONAL DE RELAÇÕES PÚBLICAS E COMUNICAÇÃO

E GLOSSÁRIO DE TERMOS ANGLO-AMERICANOS

Cândido Teobaldo de Souza Andrade

summus
editorial

DICIONÁRIO PROFISSIONAL DE RELAÇÕES PÚBLICAS E COMUNICAÇÃO
e Glossário de Termos Anglo-Americanos – Edição Revista e Ampliada
Copyright © 1996 by Cândido Teobaldo de Souza Andrade
Direitos desta edição reservados por Summus Editorial

Capa: **Raghy**

1ª reimpressão, 2004

Summus Editorial
Departamento editorial:
Rua Itapicuru, 613 – 7º andar
05006-000 – São Paulo – SP
Fone: (11) 3872-3322
Fax: (11) 3872-7476
http://www.summus.com.br
e-mail: summus@summus.com.br

Atendimento ao consumidor:
Summus Editorial
Fone: (11) 3865-9890

Vendas por atacado:
Fone: (11) 3873-8638
Fax: (11) 3873-7085
e-mail: vendas@summus.com.br

Impresso no Brasil

Índice Geral

Prefácio da Edição Revista e Ampliada 7
Prefácio da Primeira Edição 8

PARTE 1
Dicionário Profissional de Relações Públicas e Comunicação . . . 11
Bibliografia 125

PARTE 2
Glossário de Termos Anglos-Americanos 129

Prefácio da Edição Revista e Ampliada

O aprendizado e a prática profissional carecem, cada vez mais, de dicionários, vocabulários e glossários técnicos atualizados, como se disse na 1ª edição.

Com o desenvolvimento megatecnológico dos últimos anos, todas as áreas do conhecimento científico vivem tal carência, principalmente a da comunicação e em particular o setor de Relações Públicas. Daí a necessidade permanente dos dicionários profissionais e glossários técnicos modernos que dêem o significado e o conceito técnico dos termos, utilizados hoje, em Comunicação e Relações Públicas.

Esta obra, em sua segunda edição, revista e sensivelmente ampliada, é ainda resultado da recomendação da antiga FIARP, hoje CONFIARP, em 1971, em Caracas.

O presente trabalho nunca será um livro completo e acabado. Assim, ante o grandioso projeto determinado pela entidade máxima dos profissionais de Relações Públicas na América, ele será a segunda etapa da tarefa ciclópica pela qual todos os profissionais da área devem considerar-se responsáveis.

Os agradecimentos profundos aos professores Humberto López López, Maria Stella Thomazi, Nelly Amélia Becerra Pajuelo, Ronaldo Fernandes Canedo e Waldyr Gutierrez Fortes pela competente contribuição que sempre prestaram à elaboração desta obra.

Prefácio da Primeira Edição

Em 1971, em Caracas (Venezuela), durante a realização da XII Reunião do Conselho Diretivo da Federação Interamericana de Associações de Relações Públicas (FIARP), foi aprovado que se deveria tentar o preparo de um Dicionário de Relações Públicas, tarefa essa cometida à "Comisión Interamericana Para la Enseñanza de Relaciones Públicas" (CIPERP). Coube a nós a responsabilidade de coordenar o trabalho proposto, que hoje apresentamos aos profissionais e estudantes de Relações Públicas de toda a América Latina, pois a edição em espanhol aparecerá, simultaneamente com a nossa, em Medellín (Colômbia), sob a supervisão do Prof. Humberto López, ex-presidente da FIARP e por sete anos presidente da CIPERP.

À vista da grandiosidade da obra a ser encetada, da vastidão de conhecimentos que pressupõe e da ampla bibliografia a ser consultada, nos propusemos a fazer não um Dicionário de Relações Públicas, mas simplesmente um vocabulário de fácil manuseio para os profissionais e estudiosos de Relações Públicas, que teria também sua relativa utilidade para os profissionais da Comunicação.

Inicialmente, partimos dos opúsculos: "Dicionário y Bibliografia de Relaciones Públicas" de Humberto López e do "Dicionário de Vocabulos Empregados em Relações Públicas" de Ronaldo Fernandes Canedo, pioneiras e valiosas tentativas para a realização de um futuro Dicionário de Relações Públicas, que somente através de uma grande equipe de especialistas poder-se-ia concretizar.

Uma das maiores dificuldades que encontramos foi a tendência à criação de neologismos e principalmente o correto aproveitamento de termos ingleses utilizados, não só em Relações Públicas, mas também na área de Comunicação. Assim entendemos ser melhor que, juntamente, a este Dicionário fosse editado, igualmente, um vocabulário de "Glossário de Termos Anglo-Americanos Utilizados em Relações Públicas e Comunicação".

Sabemos que este nosso trabalho, fruto de cinco anos de esforço e dedicação, receberá muitas críticas construtivas e alguns elogios fáceis, porém continuamos conscientes da necessidade da preparação e publicação de um completo Dicionário de Relações Públicas, que acreditamos exigir a "ultrapassagem de etapas" (este Dicionário seria uma delas), para chegarmos à realização plena do proposto pela FIARP.

C.T.S.A.

PARTE 1

*Dicionário Profissional de
Relações Públicas
e Comunicação*

A

ABECOM — Sigla da Associação Brasileira de Escolas de Comunicação, entidade fundada em Brasília, em janeiro de 1984, tem como proposta, representar as Escolas de Comunicação junto aos poderes públicos e organismos nacionais e internacionais. O primeiro presidente foi Erasmo de Freitas Nuzzi.

ABERTURA — Texto inicial de uma gravação de rádio ou televisão. — Diâmetro de uma lente.

ABERP — Sigla da Associação Brasileira de Empresas de Relações Públicas, fundada em São Paulo, em 14 de janeiro de 1983. Tem como finalidade congregar Empresas de Relações Públicas na defesa de seus direitos, interesses e prerrogativas, de caráter técnico-profissional. O primeiro presidente foi Valentim Lorenzetti.

ABIOSE — Estado do que é inapto ou incapaz para viver. — (Fig.) Empresa ou setor que está em estado de inaptidão ou inviabilidade.

ABOREP — Sigla da Asociación Boliviana de Relaciones Públicas, entidade filiada à FIARP, a partir de 15 de outubro de 1975.

ABREVIATURA — Representação de uma palavra ou nome por alguma ou algumas de suas sílabas ou letras.

ABRP — Sigla da Associação Brasileira de Relações Públicas, entidade fundada em São Paulo, em 21 de julho de 1954. É constituída de um Conselho Nacional e catorze Secções Regionais. Filiada à antiga Federação Interamericana de Associações de Relações Públicas (FIARP), como membro-fundador. O seu primeiro presidente foi Hugo Barbieri. A IV Conferência Interamericana de Relações Públicas foi promovida pela ABRP no Rio de Janeiro (1963), a XIV em São Paulo (1979) e a XIX em Florianópolis (1990).

ACABAMENTO — Última fase de um trabalho, como, por exemplo, a encadernação de um livro.

ABSENTEÍSMO — Hábito de estar ausente às reuniões. — Indiferença de grupos ou pessoas em participar do contexto organizacional.

AÇÃO — Desempenho de função ou atividade que produz efeito. — Título representativo de uma das frações iguais em que foi dividido o capital de uma sociedade anônima.

AÇÃO CONJUGADA — Forma de comportamento coletivo resultante de objetivo comum. — Esforço despendido por pessoas de um grupo que reflete as expectativas dos membros desse mesmo grupo.

ACETATO — Base não-inflamável de película cinematográfica e fotográfica. — Material para fabricação de um disco utilizado para cópias de uso temporário.

ACESSO — Modo de localizar a informação, por meio de qualquer tipo de arquivamento. — Elevação ou promoção de um cargo ou função a outro. — Possibilidade de "entrar" em contato, com outros usuários de microcomputadores, mediante programas próprios ou por meio de um BBS e da INTERNET. O usuário recebe uma senha pessoal para ter acesso aos serviços oferecidos.

ACESSO POR VÁRIOS CANAIS — Fixar uma idéia ou assunto numa audiência, usando vários tipos de veículos de comunicação.

ACIONISTA — Aquele que possui ação ou ações de uma empresa industrial, comercial ou financeira. É também chamado acionário.

ACOMPANHANTE — Empregado que leva trabalhadores novos em visita à unidade industrial.

ACONTECIMENTO — Ver *EVENTO*.

ACORDO DO MÉXICO — Ver *RELAÇÕES PÚBLICAS*.

ADJUDICATÁRIO — Pessoa física ou jurídica com quem a Administração Pública faz um contrato, em virtude de licitação ou concorrência pública.

ADMINISTRAÇÃO — Função destinada a planejar, organizar, coordenar, dirigir e controlar a atividade de um negócio, de uma empresa ou de um governo. — Comumente, o termo "administração" é empregado quase como sinônimo de "gerência" ou de "governo". — Complexo de órgãos, cujo fim é determinar e disciplinar as funções de toda instituição.

ADMINISTRAÇÃO DE CONTROVÉRSIA — Método para identificar e definir a controvérsia pública, para, em seguida, procurar chegar ao entendimento entre os interessados. — Condução de discussão em torno de graves problemas de interesse geral.

ADMINISTRAÇÃO INDIRETA — Conjunto de serviços que compreende autarquias, empresas públicas e sociedades de economia mista.

ADMINISTRAR — Em sentido lato, administrar é gerir interesse, segundo a lei, a moral e a finalidade dos bens entregues à guarda e conservação alheias. Se os bens e os interesses geridos são individuais realiza-se a administração particular; se são da coletividade, realiza-se a administração pública (Hely Lopes Meireles).

ADMINISTRADOR — Aquele que administra negócios públicos ou particulares.

AD NUTUM — Ato que pode ser revogado pela vontade de uma das partes. — Diz-se também do funcionário não estável e que pode ser demitido à vontade do Governo.

AERP — Sigla da Agrupación Española de Relaciones Públicas, com sede em Barcelona e filiada ao CERP desde 1968. — Sigla da antiga Assessoria Especial de Relações Públicas da Presidência da República do Brasil.

AFRP — Sigla da Association Française des Relations Publiques, uma das entidades fundadoras do CERP.

AGÊNCIA DE NOTÍCIAS — Empresa especializada em enviar noticiário e ilustrações, de caráter nacional ou internacional, mediante contrato especial com jornais e revistas.

AGÊNCIA DE PROPAGANDA — Empresa especializada em planejamento de campanhas de Propaganda ou Publicidade, para seus clientes, elaborando planos de vendas, concebendo e produzindo anúncios falados e escritos, autorizando e controlando suas publicações e transmissões.

AGENDA — Livro de escritório ou pessoal em que se registram negócios, acontecimentos e endereços. — Relação de assuntos para uma reunião.

AGENTE — Pessoa que representa artistas junto às emissoras de rádio e televisão. — Aquele que trata de negócios alheios, mediante comissão.

AGREGADO — Termo genérico usado para denominar qualquer agrupamento social não necessariamente homogêneo e organizado (Emílio Willems).

AGRUPAMENTO — Ver *AGREGADO*.

AJUDA DE CUSTO — Importância suplementar paga a servidor público ou empregado para cobrir determinadas despesas.

ÁLBUM SERIADO — Material gráfico exposto em cavalete, constituído de folhas avulsas unidas entre si. — Veículo de comunicação dirigida auxiliar, utilizado nas apresentações para pequenos grupos.

ALCANCE — Área em que uma emissora de rádio ou TV é capaz de ser captada. — Apropriação ou falta de dinheiro ou valores confiados a alguém, constatada na prestação de contas.

ALÍNEA — Subdivisão de um artigo ou inciso, precedida de minúscula.

ALTERAÇÕES DO AUTOR — Mudanças feitas na matéria, depois de ter sido submetida às provas; mudanças devidas não a erros do tipógrafo. — Alterações do autor são bem mais caras do que a composição original e são cobradas além do preço original; a maioria das alterações do autor pode ser evitada por uma prova cuidadosa antes de o original ser enviado para impressão.

ALTA ADMINISTRAÇÃO — Pessoas do grupo administrativo que são responsáveis pela fixação de diretrizes e estabelecimentos de processos gerais e cujas decisões afetam grande parte da empresa ou instituição. — Cabe às Relações Públicas por meio de suas funções básicas, principalmente assessoramento, pesquisa e avaliação, proporcionar à Alta Administração informações e meios que possibilitem a formulação de política da instituição ou empresa, em consonância com as opiniões do público.

ALTERNATIVA — Em sentido prático é o encontro de duas ou mais possibilidades que se excluem. — Opção entre duas ou mais coisas.

ALTURA — Medida de tipo tomada desde a base até o olho da letra. — Medida ou clichê no sentido vertical.

ALVARÁ — Documento expedido por autoridade competente certificando, ordenando, autorizando ou reconhecendo certos direitos. O preciso e rápido atendimento dos interessados, na expedição de alvarás, é uma das tarefas de Relações Públicas com o público, na área governamental.

AMAUROSE — Cegueira parcial ou total causada pela paralisia da retina ou nervo óptico. — (Fig.) Falta de visão administrativa.

"AMIGO DA IMPRENSA" — É aquele que ajuda os jornalistas a conseguir notícias exatas, completas e oportunas; uma das tarefas dos relatores públicos.

AMRP — Sigla da Asociación Mexicana de Relaciones Públicas, membro-fundador da antiga Federação Interamericana de Associações de Relações Públicas. Essa entidade promoveu a I e a VII Conferências Interamericanas de Relações Públicas, na Cidade do México (1960 e

1966), e a Assembléia Mundial da Associação de Relações Públicas, em 1978.

AMOSTRA — Porção de uma população, selecionada numa pesquisa, a quem são feitas perguntas. A amostra deve ser representativa da população total envolvida. — Seleção de parte de um todo aceitando-se que as características dessa parte são representativas do todo ou "universo". — A escolha da amostra é uma das fases da pesquisa de opinião, muito utilizada em Relações Públicas.

AMPLIAÇÃO — Aumento das dimensões de qualquer peça visual, mediante reprodução fotográfica. — Cópia maior do negativo original.

ANAIS — Exposição escrita de um evento, que relata acontecimentos de um congresso, em forma de revista ou opúsculo.

ANÁLISE — Estudo de algo pela decomposição do todo em suas partes, seguindo-se o exame de cada parte. — Determinação precisa dos componentes de qualquer coisa complexa.

ANÁLISE DO CONTEÚDO — Em Comunicação, é um método que visa à descrição objetiva, sistemática e quantitativa do conteúdo presente nas comunicações.

ÂNCORA — Jornalista que faz a ligação entre as matérias em um telejornal, dirigindo toda a apresentação do programa noticioso.

ANECE — Sigla da Associação Nacional das Empresas de Comunicação Empresarial, entidade fundada em 8 de julho de 1986, tem como objetivo congregar e representar as empresas associadas, as pessoas jurídicas de direito público e de direito privado, inclusive perante as entidades congêneres no país e no exterior. O primeiro presidente foi Enio Campoi.

ANGULAÇÃO — Enfoque de matéria jornalista. — Ela pode ser prévia ou resultante da identificação do jornalista, durante sua tarefa redacional.

ÂNGULO — Posição da câmara cinematográfica durante a tomada.

ÂNGULO DE FATO — Elemento revestido de interesse público, que faz um acontecimento tornar-se notável ou digno de nota, para a sua divulgação.

ANOMIA — Desorganização social e pessoal. — Desmoralização em virtude da ausência de normas.

ANTEPROJETO — Trabalho preliminar para a elaboração de um projeto. — Esboço de um plano.

ANTINOMIA — Incoerência entre duas leis ou princípios. — Contradição de normas.

ANTI-SOCIAL — Qualquer valor, atitude ou ação, considerado pelos componentes de um grupo como prejudicial aos seus interesses comuns (Emílio Willems).

ANUNCIANTE — Firma ou pessoa física que anuncia ou faz propaganda nos veículos de comunicação massiva.

ANÚNCIO — Material persuasivo que é apresentado à massa como um apelo de uma entidade identificada. É geralmente pago e, portanto, completamente controlado no contexto, apresentação, veículo e tempo, pela entidade que emitiu o material. — Notícia, aviso por meio do qual se dá qualquer coisa ao conhecimento público. — Apresentação gráfica ou falada de um produto ou serviço. Excepcionalmente, é utilizado em Relações Públicas, no caso de declarações públicas ou comunicação de eventos especiais.

ANÚNCIOS COOPERATIVOS — Anúncios de um produto assinados pelo próprio varejista ou representante comercial, participando o fabricante dos custos da publicação do anúncio (Paulo Gomes Oliveira).

ANÚNCIOS DE FAVOR — Mensagens publicitárias acrescentadas à propaganda normal, mas com caracteres tipográficos diferentes. Durante a Segunda Guerra Mundial, milhares de anunciantes usavam em seus comerciais publicitários regulares expressões como "Compre Bônus de Guerra"; esses eram "anúncios colocados" ou "anúncios de favor".

ANÚNCIOS EM COMPOSIÇÃO — Anúncios sem ilustrações, feitos apenas com recursos tipográficos.

"ANÚNCIO FORA-A-FORA" — Ver *ANÚNCIO SANGRADO*.

ANÚNCIOS LUMINOSOS — Anúncios gráficos, feitos geralmente ao ar livre, iluminados por lâmpadas, néon ou qualquer outro processo similar.

ANÚNCIO SANGRADO — É o anúncio cuja impressão cobre todo o espaço do papel (página), sem deixar margens. O mesmo que "Anúncio fora-a-fora".

APARTE — Rápida interrupção de um orador a fim de lhe solicitar esclarecimentos acerca do que está sendo dito.

APARÊNCIA — Em Relações Públicas aquilo que se revela pelo cuidado pessoal, modo de andar, postura e outros fatores que criam uma impressão à primeira vista daquilo que exteriormente se vê.

APARELHO — Conjunto de órgãos especializados em determinadas funções.

APELO — Qualidade notável, ou valor, que se promete ao consumidor, em razão de um determinado produto ou serviço.

APLICATIVO — Programa de computadores, destinado a uma aplicação específica, como, por exemplo, folha de pagamento, contabilidade, mala direta, calculadora etc.

APODÉCTICA — Capacidade de demonstrar algo pelo raciocínio. — Arte de convencer somente pelo raciocínio. — A formação do público constitui uma forma de apodéctica, pois o que predomina nesse grupo são as considerações racionais.

APÓGRAFO — Cópia de um escrito original. — Aparelho para cópia de desenhos.

APOIAMENTO — Manifestação de concordância a uma proposta apresentada em uma Assembléia.

APONTAMENTO — Registro resumido para posterior aproveitamento. — Indicação breve de obra ou trabalho a executar.

APOSTILA — Anotação ou aditamento a documento a fim de acrescentar alguma coisa que falta no texto ou esclarecer alguma dúvida. — Coletânea mimeografada de aulas.

APRESENTAÇÃO — Oferta de um programa ou serviços numa reunião; pode envolver material escrito, exposições gráficas, filmes etc.

ARAB PUBLIC RELATIONS SOCIETY — Entidade fundada no Cairo por profissionais e diplomados de Relações Públicas.

APTIDÃO — Faculdade inerente a pessoa para executar tarefas e cumprir responsabilidades.

ARBITRAMENTO — Processo em que se submete uma questão a uma pessoa ou a uma junta de pessoas, cuja decisão é aceita como obrigatória pelas partes.

ARGUMENTO — Raciocínio pelo qual se chega a uma conseqüência ou se refuta uma proposição. — Exposição resumida de uma obra.

ARGUMENTO DE VENDA — Apelo que dramatiza, para o consumidor, os benefícios do produto, atraindo sua atenção para todo o anúncio.

ARV — Sigla da Asociación de Relacionistas de Venezuela. Ver *COLÉGIO DE RELACIONISTAS DA VENEZUELA*.

ARQUIVAMENTO — Exigência legal de recolhimento de documentos para que eles possam produzir efeitos contra terceiros. — Ato ou efeito de arquivar.

ARQUIVO — Setor de uma empresa, destinado a coleta, seleção, classificação e codificação de recortes de publicações, diapositivos, fotografias e outros tipos de material de referência, para servirem como fonte de informação para a própria empresa e excepcionalmente a terceiros. — O arquivo, num Departamento de Relações Públicas, representa um instrumento valioso de recuperação da informação.

ARRAZOADO — Dissertação escrita ou oral para a defesa de um ponto de vista. — De acordo com a razão.

ARTE-FINAL — Trabalho de arte, quando terminado e pronto para apresentação e produção. — Acabamento final dos desenhos para o anúncio.

ARTE-FINALISTA — Desenhista que faz o trabalho de arte-final.

ARTIGO — Texto opinativo ou comentário, publicado na imprensa, que leva a assinatura de seu autor. — Cada uma das divisões da lei, código, decreto etc. precedido por algarismo arábico.

ASOCIACIÓN ARGENTINA DE RELACIONES PÚBLICAS — Ver *CONSEJO PROFESIONAL DE RELACIONES PÚBLICAS*.

ASOCIACIÓN ECUATORIANA DE RELACIONES PÚBLICAS — Entidade filiada à antiga FIARP, a partir de outubro de 1973, com sede em Guayaquil, hoje em Quito.

ASOCIACIÓN PANAMEÑA DE PROFESIONALES EN RELACIONES PÚBLICAS — Entidade fundada na cidade do Panamá, em julho de 1959, e que teve como seu primeiro presidente Luis Raúl Fernández. É uma das associações fundadoras da antiga FIARP.

ASOCIACIÓN PARAGUAYA DE PROFESIONALES DE RELACIONES PÚBLICAS — Essa entidade foi criada em 1966, em Assunção, e é uma das associações filiadas à antiga FIARP.

ASSOCIACIÓN VENEZUELANA DE RELACIONES PÚBLICAS Y COMUNICACIÓN CORPORATIVA — Ver *COLEGIO DE RELACIONES PÚBLICAS DE VENEZUELA*.

ASSEMBLÉIA — Reunião de membros de uma entidade para tomar deliberações.

ASSENTADA — Termo que se lavra do depoimento de testemunhas. — Tempo ininterrupto.

ASSESSOR — Especialista consultivo que pode pertencer, ou não, ao quadro da empresa ou instituição.

ASSESSORIA — Instrumento consultivo da Administração, que pode ser tanto um consultor, como uma comissão. — Departamento responsável pela elaboração de normas e métodos para a execução das funções especializadas. — O mesmo que *staff* ou estado-maior.

ASSESSORIA EXTERNA DE RELAÇÕES PÚBLICAS — Escritório especializado em Relações Públicas, a que os clientes recorrem para consultar sobre problemas de Opinião Pública e Relações Públicas, podendo ser também encarregado de conceber e realizar programações dessa atividade. — Hoje, mais conhecida como empresa de Relações Públicas.

ASSUNTOS PÚBLICOS — Uma das atividades de Relações Públicas, referente aos assuntos comunitários que dizem respeito à responsabilidade social da empresa. — Disciplina que estuda as relações da organização com o meio ambiente.

ATA — Registro fiel de fatos e decisões em sessões ou reuniões de entidades em geral. — Documento que sintetiza as ocorrências e resoluções de uma reunião.

ATENDIMENTO — Acolhimento de pessoas com competência e atenção. — Ação, modo ou resultado de atender.

ATENDIMENTO AO PÚBLICO — O atendimento ao público envolve a racionalização dos serviços de uma empresa ou instituição em relação: a) ao seu pessoal; b) ao seu material e ao equipamento; c) às suas instalações e aos edifícios; d) aos seus métodos de trabalho. — Atendimento ao Público é considerado uma das atividades de Relações Públicas, com a denominação de Relações com o Público.

ATESTADO — Documento que afirma ou nega o que é do conhecimento do signatário.

ATITUDE — Composto das inclinações de uma pessoa em qualquer assunto ou questão, formado de todas as influências estabelecidas durante a sua vida; geralmente não é expresso. — Predisposição para agir, em razão de determinados objetos ou pessoas.

ATIVIDADE — Exercício efetivo de cargo, dignidade ou função.

ATIVIDADE-FIM — Função específica diretamente ligada à realização do objetivo da empresa ou instituição.

ATIVIDADE-MEIO — Função geral e auxiliar que contribui para a realização da atividade-fim.

ATO — Operação pela qual o agente se modifica ou modifica um objeto. — Divisão de uma peça de teatro.

ATRIBUIÇÃO — Atividade própria de um cargo ou função. — Jurisdição conferida a uma autoridade.

AUDIÊNCIA — Indica o grupo ou grupos a que está dirigida uma campanha de Propaganda ou parte dela. — Número de pessoas em sintonia com determinado programa de rádio ou televisão.

AUDIÊNCIA ACUMULADA — Audiência que se repete para uma publicação ou programa, à medida que são editados novos números, ou o programa é levado ao ar mais vezes.

AUDIÊNCIA LÍQUIDA — Audiência somada de duas ou mais publicações, ou programas de emissoras de rádio e televisão, deduzindo-se a superposição ou os mesmos leitores ou ouvintes comuns aos dois ou mais veículos.

AUDIÊNCIA SECUNDÁRIA — Audiência adicional de uma publicação ou programa. São os leitores ou ouvintes, ou telespectadores, fora da família, que lêem o exemplar da revista ou jornal por empréstimo, ou ouvem e assistem à propaganda ocasionalmente.

ÁUDIO (AUDITIVO) — Que pode ouvir, que pertence à audição. — Tudo o que se refere a som em televisão.

AUDITORIA SOCIAL — Análise e avaliação do desempenho das empresas, em todos os seus setores, à vista do progresso social.

AUDITÓRIO — Veículo de comunicação dirigida aproximativa, de que dispõe uma empresa ou instituição no sentido de contribuir para a realização de cerimônias ou reuniões promovidas pela comunidade, ou pela própria organização. — Local onde diversas pessoas assistem a uma cerimônia ou reunião. — Conjunto de pessoas que está presente a um auditório.

AURP — Sigla da Asociación Uruguaya de Relaciones Públicas, membro-fundador da antiga Federação Interamericana de Associações de Relações Públicas. Essa entidade promoveu a VI e a XVI Conferências Interamericanas de Relações Públicas, em Montevidéu (1965 e 1983).

AUTARQUIA — Serviço autônomo, criado por lei, com personalidade jurídica, patrimônio e receita próprios, para executar atividades típicas da administração pública, que requeiram para seu melhor funcionamento gestão administrativa e financeira descentralizada (artigo 5º do Decreto-Lei nº 200).

AUTO — Registro circunstanciado e autêntico de infração a dispositivo legal.

AUTOCÓPIA — Reprodução direta de um escrito ou desenho. — Positivo que se obtém diretamente.

AUTORIDADE — Princípio em virtude do qual uma pessoa tem o direito de impor a sua opinião ou vontade a outros (Carlos Lopes de Mattos). — Agente ou delegado do Poder Público. — Faculdade de exigir a obediência dos que lhe são subordinados.

AUTORIZAÇÃO — Ato pelo qual o Poder Público competente faculta ao particular o exercício de direito, suprimida a limitação legal. Por exemplo, a autorização para porte de armas.

AUXÍLIOS AUDIOVISUAIS — Conjunto de recursos visuais e auditivos, utilizado como veículo de comunicação. — Os auxílios audiovisuais apresentam as seguintes vantagens: podem ser vistos e ouvidos por grande número de pessoas ao mesmo tempo; são muito atrativos e contam a história rapidamente. — As desvantagens dos auxílios audiovisuais são: podem estar mal localizados; exigem mudança freqüente e necessitam ser preparados por técnicos e com equipamento de primeira qualidade. — Veículos de comunicação dirigida auxiliar, bastante empregado em Relações Públicas. — São também conhecidos com o nome de recursos audiovisuais.

AVAL — Garantia pessoal, plena e solidária, dada em relação a qualquer das obrigações em títulos. — Apoio moral, financeiro ou intelectual.

AVALIAÇÃO — Apreciação da eficiência de uma programação de Relações Públicas, segundo padrões específicos. — Uma das funções básicas de Relações Públicas. — Aferição da aptidão de um indivíduo para um cargo ou função.

AVERBAÇÃO — Declaração ou nota em certos documentos.

AVULSO — Ver *CALHAU*.

AVERSÃO — Sentimento que impele a fugir de um objeto por ele se apresentar como desagradável (Carlos Lopes de Mattos).

AVISOS — Informação de tipo visual, comumente colocada nas paredes ou quadros especiais dentro da empresa ou instituição. Cabe ao setor de informações do Departamento de Relações Publicas elaborá-los, remetê-los ou colocá-los em lugar apropriado. — Veículo de comunicação dirigida auxiliar. — Fórmulas usadas pelos Ministros de Estado quando se dirigem uns aos outros.

B

BANCA — Local para exposição e venda de periódicos em geral. — Comissão examinadora de provas ou concursos.

BALANCETE — Classificação dos saldos devedores e credores de todas as contas de uma administração registrados no Livro Razão Resumo de um balanço geral.

BALANÇO — Relatório ou demonstrativo da situação econômico-financeira de uma administração.

BALÃO — Local onde se escrevem as falas dos personagens das histórias em quadrinhos. — Abertura na ilustração, próxima à boca do modelo, para colocação das palavras, como se saíssem dali.

BARREIRAS — Obstáculos produzidos na comunicação por níveis diferentes de linguagem, cultura, experiência, estereótipos, mecanismos ou influências psicológicas.

BARRIGA — Notícia falsa transmitida por fonte inidônea de informação e publicada pela imprensa.

BBS — Sigla de Bulletin Board Service, empresas que constituem pequenas redes de dados e vendem o acesso aos usuários domésticos, por intermédio de modem e por telefone, a arquivos próprios ou à INTERNET, mediante taxas mensais e com tempo limitado de acesso. Muito utilizadas como meio de "bate-papo" entre interessados em informática ou assuntos em geral. Funcionam como verdadeiros clubes e, controladas, evitam problemas morais pela aplicação de um código de ética.

BEM COMUM — Complexo de todos os valores espirituais e materiais, que permitem à pessoa a mantença e o enriquecimento social, numa distribuição eqüitativa dos benefícios da sociedade entre os seus integrantes.

BEM ECONÔMICO — Tudo o que possui utilidade ou valor.

BENFEITORIA — Obra útil feita, geralmente, em imóvel e que o valoriza.

BIBLIOGRAFIA — Relação das obras consultadas por autores de livros científicos e didáticos. — Lista de livros, opúsculos e artigos com anotações do nome do autor e da editora, do local e da data de impressão.

BIBLIOMETRIA — Tratamento quantitativo da informação registrada.

BIBLIOTECOLOGIA — Estudo e conhecimento profundo a respeito de bibliotecas.

BIBLIOTECONOMIA — Conjunto de conhecimentos indispensáveis à organização e administração de bibliotecas.

BICO-DE-PENA — Trabalho executado, com pena apropriada, em preto e branco e caracterizado pelo grande número de traços pequenos, com o que se procura realçar os diferentes aspectos de um desenho a traço, paisagens, figuras etc.

BOATO — Ver *RUMOR*.

BOA VONTADE — Atitude favorável de outras pessoas ou grupos em relação a qualquer pessoa, instituição ou grupo.

BOBINA — Rolo grande de papel usado para a impressão em rotativa. — Pessoa confusa, que fala muito e dificilmente é entendida pelos outros.

BOLETIM — Resenha de notícias de um órgão governamental ou de uma empresa. — Pequena publicação periódica.

BOLETIM DE IMPRENSA — Texto que se envia à imprensa em geral, comunicando fatos noticiosos de uma empresa, para que o redator faça uso dessa informação como achar conveniente. — Também conhecido como Comunicado de Imprensa.

BOLETIM INTERNO — Publicação periódica, destinada exclusivamente aos empregados de uma empresa.

BOLETO — Ordem escrita para a concessão de alojamentos a militares em serviço.

BOLSA DE ESTUDO — Pensão oferecida por entidades governamentais ou privadas para estudos ou viagem de caráter cultural.

BONECO — Esquema ou desenho da página de um jornal ou revista para orientação do paginador.

BÔNUS — Prêmio ou dividendo extra, que se concede ao portador de determinado título de dívida pública.

BOX — Bloco de palavras que se destaca do texto e título, servindo, geralmente, para salientar características especiais do produto, ou fornecer ao leitor informações adicionais sobre o mesmo. — Dependência cedida pelo Estado a particular, mediante permissão ou autorização. Por exemplo, os boxes no mercado municipal.

BRIEFING — Coleta de dados e preparação de resumos para discursos, palestras e reuniões questionadoras. — É uma das mais importantes funções específicas de Relações Públicas e exige pessoal de alto gabarito.

BRINDE — Presente oferecido por uma empresa a clientes, fornecedores, acionistas etc., com a marca comercial, por ocasião de eventos ou de uma campanha de promoção de vendas.

BROCHURA — Trabalho editado em folhas ou páginas, com capa de papel ou cartolina, presas com costura, grampo etc.

BURIL — Instrumento de aço para gravar ou retirar defeitos em clichês.

BUROCRACIA — Neologismo de origem francesa, que significa a influência dos funcionários públicos na vida de uma nação. — A classe dos servidores públicos. — Constitui problema sério na área de Relações Públicas Governamentais entender-se burocracia como morosidade e complicação no desempenho dos serviços públicos, resultantes do formalismo do aparelho administrativo e de certa dose de comodismo dos servidores públicos.

C

CABEÇALHO — Parte superior de um livro ou periódico com indicações.

CACHÊ — Pagamento feito a um artista ou locutor, por uma atuação em um programa de rádio ou televisão, em um filme de propaganda, na gravação de um *jingle*, de um *spot* etc. — Pagamento a um modelo para posar.

CADASTRO — Registro, em ordem alfabética, dos contribuintes de impostos ou de clientes de uma empresa.

CADERNO — Parte do jornal dedicada a certos assuntos ou a determinados tipos de anúncio. — Porção de folhas de papel coladas ou cosidas formando livros ou opúsculos.

CAIXA ALTA — Letras maiúsculas. Diz-se também versais.

CAIXA BAIXA — Letras minúsculas colocadas na parte mais baixa da caixa de tipos, a fim de ficarem mais à mão. Daí procede o costume de também se denominarem as letras maiúsculas, de letras de caixa alta; e as minúsculas, de letras de caixa baixa.

CALHAU — Composição de pouca importância de que se serve o paginador para completar a página. — O mesmo que AVULSO.

CAMPANHA — Processo de propaganda que visa a esclarecer ou oferecer algo por meio de veículos de comunicação escolhidos para determinado tipo de consumidor. — Série de anúncios que obedecem ao mesmo tema. — Esforço organizado para eleger, formular ou alterar a opinião de qualquer grupo ou grupos, num assunto selecionado.

CAMPUS — Conjunto de edifícios e terrenos, geralmente doados, onde estão as instituições docentes de uma Universidade.

CANADIAN PUBLIC RELATIONS SOCIETY — Entidade que foi filiada à FIARP e que editava uma revista com o título de *Comunication*. Ver SOCARP.

CANAL — Elo necessário entre o emissor e o receptor da mensagem, no processo da comunicação.

CAPA — Proteção exterior de um livro ou de um processo.

CAPA PRÓPRIA — Matéria impressa em forma de livreto sem uma capa protetora.

CAPACIDADE — Qualidade de ter competência e aptidão para satisfazer a certo fim.

CAPACIDADE ADMINISTRATIVA — Habilidade ou faculdade para interpretar, assumir e resolver os problemas da organização.

CARACTERES — Tipo de impressão ou letras escritas. — Traços individualizadores e identificadores de pessoas. — Ver também *TIPO*.

CARGO — Função ou emprego permanente em órgão governamental ou empresa privada.

CARICATURA — Representação burlesca de pessoas, coisas e fatos.

CARONA — Comercial curto em rádio ou televisão sem pagamento. — Viagem gratuita oferecida ou não.

CARTA — Veículo de comunicação dirigida escrita, bastante utilizado em Relações Públicas. — Papel escrito, indevassável por um envelope, com assunto de interesse privado ou não, que o seu signatário leva ao conhecimento de outrem. — Veículo que se utiliza da palavra escrita. Suas vantagens: toque pessoal, quase uma conversa face a face; grande variedade de formas; enviada a domicílio; pode ser conservada e relida a qualquer tempo; custo reduzido. Desvantagens: pode não chegar ao destinatário; não tem a flexibilidade de uma conversa pessoal ou telefônica; nem todos escrevem tão bem quanto falam e isso pode criar situações distorcidas.

CARTA ABERTA — Carta dirigida a alguém de forma pública, por meio de um ou mais jornais.

CARTÃO — Papel encorpado, geralmente retangular, com espaço para inscrição, desenho e imagens.

CARTÃO DE VISITA — Pequeno cartão, onde está impresso o nome e o endereço de seu possuidor, para assinalar a sua presença.

CARTÃO POSTAL — Cartão retangular com o tamanho em torno de 10 x 15cm, que tem numa face uma ilustração, na outra o espaço reservado para a correspondência.

CARTAPÁCIO — Coleção de documentos manuscritos em forma de livro. — Carta exageradamente grande. — Pasta de papéis e documentos avulsos.

CARTAZ — Informação ou aviso de tipo visual, comumente usado como ilustração. — Impresso com grandes letras e símbolos, geralmente, em cores chamativas e com pouco texto; também fixado em muros externos de edifícios, ou em grandes painéis, cercando terrenos baldios ou à margem de avenidas ou estradas.

CARTAZ DE 1 FOLHA — Cartaz de Propaganda com as medidas de 1,12m x 0,76cm, podendo ser colocado em molduras ou diretamente em tapumes, paredes, pilastras etc.

CARTAZ DE 3 FOLHAS — Cartaz com as medidas de 2,28m x 1,12m, montado em estrutura de metal e colocado sobre chapa galvanizada.

CARTAZ DE 4 FOLHAS — Cartaz com as medidas de 2,24m x 1,52m, colocado em chapa galvanizada, montada sobre moldura de madeira. Geralmente colocado em parede ou tapumes nas proximidades de estabelecimentos comerciais.

CARTAZ DE 8 FOLHAS — Cartaz com as medidas de 4,46m x 1,52m, colocado sobre chapa galvanizada em uma moldura de madeira de propriedade da firma exibidora.

CARTAZ DE 16 FOLHAS — Cartaz com as medidas de 4,46m x 3,04m, consistindo na utilização conjunta de dois cartazes de 8 folhas, para maior impacto visual.

CARTAZ DE 24 FOLHAS — Cartaz com as medidas de 6m x 2,65m, colocado em moldura de madeira de 7,80m x 2,65m.

CARTEL — Aliança entre empresas para regular o preço e a produção, a fim de evitar a concorrência entre elas.

CASSETE — Estojo equipado com um conjunto de fitas magnéticas.

CATALISADOR — Substância própria para catalisar, isto é, para ativar uma reação pela presença de um agente físico, químico ou biológico. — O relator público deve ser o catalisador dentro de uma empresa ou instituição, em presença da diretoria e dos empregados, procurando ativar a compreensão e a confiança que devem reinar em toda a organização, sem se deixar influenciar por este ou aquele lado.

CATÁLOGO — Lista descritiva de produtos de uma empresa, inclusive com preços. — Relação de tipos usados na composição tipográfica.

CATÁLISE — Fenômeno químico que acelera a velocidade de uma reação pela simples presença de um agente físico, químico ou biológico.

CAUTELA — Documento entregue pelas caixas de penhores, como recibo de bem penhorado. — Certificado provisório, que representa ações ou debêntures.

CBRP — Sigla do Centre Belge des Relations Publiques, fundador do CERP.

CECORP — Sigla do Centro Colombiano de Relações Públicas e que foi fundado em 1963 em Medellín, e que a partir de 1989 passou a ser membro da CONFIARP, em substituição à SOCORP. — CECORP edita o Boletim "Relaciones".

CÉDULA — Papel onde é escrito ou impresso o nome de candidato a cargos eletivos.

CENSURA — Ato repressivo e negativo de controle da opinião pública. Surgiu dos tabus, das superstições e dos costumes, estendendo-se a todos os veículos de comunicação, no sentido de omitir informações, sob a justificativa do bem comum. Hoje, porém, pode aparecer em momentos difíceis (estado guerra, estado de sítio, revoluções etc.), ou sobre atividades artísticas e intelectuais.

CENTÍMETRO DE COLUNA — Unidade básica do custo de anúncios em jornais.

CENTRALIZAÇÃO — Aglutinação de poderes em centro decisório único. — Convergência de atribuições dos órgãos locais para os órgãos centrais.

CERIMONIAL — Atividades, em geral, pertencentes ao governo que tem por finalidade coordenar e preparar a recepção de pessoas ilustres, quer nacionais ou estrangeiras. Apesar de não ser uma atividade típica de Relações Públicas, o cerimonial pode ser utilizado em Relações Públicas Governamentais.

CERP — Sigla do Centro Europeu de Relações Públicas, entidade fundada em 8 de maio de 1959, em Orléans (França), graças aos esforços de Français Lucien Matrat, seu presidente-fundador, e que abrange treze associações nacionais do continente europeu.

CERTIDÃO — Relato que expressa, fielmente, o que constar em determinado processo ou documento. — Documento legal em que se certifica alguma coisa.

CHAMADA — Manchete colocada em letras maiúsculas, geralmente se estendendo por todo o topo da página. — Guia que acompanha o material de propaganda com ordem de publicação.

CHARGE — Desenho humorístico representativo de acontecimento, que envolve personalidades ou figuras populares.

"CHASQUI DE ORO" — Prêmio oferecido pela antiga FIARP, atual CONFIAP a entidades ou associações que tenham prestado relevantes serviços à causa de Relações Públicas. A ABRP, a IPRA e a PRSA, por exemplo, são detentoras de um "Chasqui de Oro".

"CHASQUI DE PLATA" — Prêmio oferecido pela FIARP aos seus conselheiros que tenham se destacado para a concretização dos objetivos da entidade.

CHAPA — Composição tipográfica já executada e apertada, pronta para entrar em máquina impressora. — Peça metálica onde são reproduzidos os originais para impressão em *off-set*.

CHAPA PARA CALDEIRAS — Reprodução de moldes de metal de matérias de jornal e ilustrações, enviadas pelas agências a pequenos jornais que possuem recursos limitados para arranjo de tipos. — Freqüentemente, páginas inteiras de chapas para caldeiras são usadas por pequenos jornais do interior para preencher espaço não ocupado por assuntos locais ou propaganda.

CIANOTIPIA — Processo de decalque de desenho a traço, mapa e planta. — Cópia azul.

CIBERESPAÇO — Linhas por onde são transmitidos dados e informações de um computador para outro. Conectado a uma rede, pode-se dizer que "se navega pelo ciberespaço".

CIBERNÉTICA — Ciência que estuda o processamento de dados, a fim de se obter o máximo de informações, com rapidez e precisão.

CIÊNCIA — Sistema de conhecimentos gerais relativos a um certo setor da realidade. — Total dos conhecimentos teórico-práticos, que servem para um determinado fim.

CIESURP — Sigla do Centro Interamericano de Estudos Superiores de Relações Públicas e Opinião Pública, fundada em Curitiba, em 26 de abril de 1982, sob a égide da antiga FIARP, hoje CONFIARP. O Centro está sediado, atualmente, na cidade de Lima, (Peru) na "Universidade de San Martin de Porres".

CINEASTA — Produtor ou técnico cinematográfico. — Diretor de cinema.

CINEMA — Veículo de comunicação massiva. O documentário e o filme-relatório são os que interessam em Relações Públicas, quando divulgam informações honestas e oportunas, pois possuem alto grau de transmissão de idéias.

CINEMATECA — Ver *FILMOTECA*.

CINESCÓPIO — Gravação filmada de um programa de televisão. — Nome técnico dos tubos de raios catódicos, empregados nos aparelhos receptores de sinais de televisão.

CINIDREP — Sigla da antiga Comisión Interamericana de Investigación y Documentación de Relaciones Públicas, órgão assessor e executivo da antiga FIARP para assuntos de pesquisa e documentação em todo o continente americano.

CINTA — Tira de papel ou de plástico para envolver jornal, revista ou livro a ser expedido por via postal.

CIPERP — Sigla da Comisión Interamericana para la Enseñanza de Relaciones Públicas, órgão assessor da antiga FIARP para assuntos de formação e aperfeiçoamento de relatores públicos. Seu primeiro presidente foi Humberto López López, professor da Universidade de Antióquia (Colômbia).

CIRCUITO FECHADO — Transmissão que não é irradiada para o público em geral, mas dirigida exclusivamente a aparelhos de recepção especiais.

CIRCULAÇÃO — Número de exemplares e de regiões em que se vende um periódico.

CIRCULAÇÃO CERTIFICADA — Quando um jornal submete sua circulação a uma empresa especializada, que comprova e certifica o número de exemplares vendidos.

CIRCULAÇÃO PAGA — Total de exemplares de periódicos efetivamente vendidos, excluindo-se assim o encalhe e os exemplares de cortesia.

CIRCULAR — Comunicação rápida, eficiente e quase pessoal, expedida a diferentes pessoas e entidades; serve para dirimir dúvidas, bem como para informar o público em geral ou segmentos de público, previamente determinados. — Veículo de comunicação dirigida escrita, muito utilizado em Relações Públicas.

CÍRCULO DE ESTUDOS — Reunião instrutiva que visa às necessidades, de informação, aprendizagem e socialização. — Este tipo de reunião está sendo utilizado, com sucesso, em Relações Públicas.

CLAROS — Espaços em branco em escritos ou impressos.

CLASSE — Agrupamento de cargos da mesma atividade ou profissão e com igual padrão de vencimento ou salário.

CLASSE SOCIAL — Reunião de indivíduos considerados socialmente iguais, em virtude da semelhança de nível econômico, profissional e educacional.

CLASSIFICAÇÃO — Dividir um conjunto de objetos ou assuntos segundo as suas categorias e os seus caracteres especiais. Ordenar em ordem numérica ou alfabética. Pode-se classificar com números e letras, chamando-se a este sistema de classificação híbrida.

CLICHÊ — Placa de metal para impressão de fotos ou desenhos em jornais, revistas e livros. — Fórmula muito repetida de escrever ou falar. — Lugar comum.

CLIENTELA — Grupo de pessoas que tenha qualquer interesse permanente numa empresa ou instituição. — Mera agregação de pessoas, sem oportunidade para uma ação conjugada.

CLIPPING — Recortes de jornais; serviço de recortes de jornais. — Recortes de histórias, reportagens ou noticiário sobre um assunto específico, extraído de jornais, revistas, publicações especializadas e periódicos de empresa. Geralmente, são preparados por empresas comerciais que fornecem recortes de numerosas publicações em torno de um assunto, mediante assinatura ou pagamento de taxa mensal por parte dos interessados.

COBERTURA — Extensão da distribuição de publicidade ou de matéria por meio de veículos de comunicação massiva. — Trabalho jornalístico sobre determinado assunto, focalizando-o sob diferentes ângulos. — Conjunto de fundos que garante a liquidação de um contrato ou operação mercantil.

CODIFICAÇÃO — Transposição de informação para um sistema de signos, sinais e símbolos.

CÓDIGO — Conjunto sistemático de normas e preceitos relativos a um assunto. — Sistema de identificação por signos, sinais e símbolos.

CÓDIGO DE ATENAS — Código de Ética Profissional para Relações Públicas aprovado na assembléia geral do CERP, realizada em Atenas, em maio de 1965. Esse Código foi adotado pela IPRA.

CÓDIGO DE ÉTICA — Princípios de ética profissional aprovados por associações, fundações ou autarquias profissionais. — A profissão de Relações Públicas no Brasil tem o seu Código de Ética, elaborado e aprovado pelo Conselho Federal de Profissionais de Relações Públicas, em 26 de janeiro de 1972.

COERÇÃO SOCIAL — Ver *CONTROLE SOCIAL*.

COERÊNCIA — Logicidade ou uniformidade entre duas ou mais idéias. — Compatibilidade e ausência de contradição nos procedimentos administrativos.

COGNIÇÃO — O conhecimento em geral. — Aquisição de um conhecimento com o ato.

COLEGIO DE RELACIONISTAS DE VENEZUELA — Antiga Associação de Relacionistas de Venezuela, hoje tem a dominação: Associación Venezuelana de Relaciones Públicas y Comunicación Corporativa. — Membro fundador da FIARP, hoje CONFIARP. — Entidade promotora das I, X e XVIII Conferência Interamericana de Relações Públicas, em Caracas (1961, 1971 e 1987).

COLETIVA — Ver *CONFERÊNCIA DE IMPRENSA*.

COLETIVIDADE DIFUSA — Ver *MASSA*.

COLOFÃO — Algumas linhas no fim do livro, informando quem o desenhou, quem o imprimiu e que espécie de tipos e padrão de papel foram usados na sua confecção. — Ver *EXPEDIENTE*.

COLUNA — Seção publicada com regularidade em periódicos, sob responsabilidade de um jornalista identificado.

COLUNISTA — Cronista ou crítico de jornal ou revista, que tem sob sua responsabilidade uma coluna.

COMANDO — Um toque de tecla, um "clique", no mouse ou uma linha de entrada que é inserida para fazer um sistema operacional ou programa de aplicação funcional (Magda Kern).

COMENTÁRIO — Observação acerca de um fato. — Série de notas críticas a respeito de um livro. — A parte interpretativa e opinativa do jornal ou revista.

COMENTARISTA — Jornalista que opina acerca de pessoas ou acontecimentos.

COMERCIAL — Anúncio de rádio ou de televisão, transmitido como parte de um programa patrocinado.

COMERCIALIZAÇÃO — Promoção de um produto ou serviço, que os torne mais atraentes, mais fáceis de serem adquiridos ou mais desejáveis pela massa consumidora.

COMORAÇÃO — Figura que consiste em o orador deter-se e insistir em um ponto importante de seu discurso.

COMISSÃO — Grupo de pessoas designado por autoridade competente para examinar, estudar ou resolver determinado assunto. — Grupo de pessoas destinado a suplementar a Assessoria. — Função ou cargo em caráter temporário.

COMPETÊNCIA — Faculdade de apreciar e resolver determinado assunto. — Faculdade legal dada a juiz ou tribunal para apreciar e julgar certos pleitos.

COMPORTAMENTO — Simples resposta a estímulo, embora sempre sujeito a modificação, de acordo com experiências conscientes (Donald Pierson). — O modo pelo qual se conduz uma pessoa em face do meio social. — Conjunto de atitudes e reações do indivíduo perante o meio social.

COMPORTAMENTO COLETIVO — Todas as ações elementares e espontâneas praticadas, principalmente por multidões, massas e públicos, à procura de uma ação conjugada. — O comportamento coletivo abrange todas as manifestações de ação conjugada observadas em grupos humanos. — Relações Públicas estudam o comportamento coletivo, principalmente no que diz respeito ao público.

COMPORTAMENTO DO PÚBLICO — Resposta a estímulo, sempre sujeita a modificações, de acordo com experiências conscientes dos membros de um público. — Uma das particularidades do comportamento do público é a presença do desacordo e da oposição, em face de uma controvérsia de interesse geral.

COMPOSIÇÃO — Trabalho de elaboração de texto para impressão.

COMPUTADOR — Aparelho eletrônico que se compõe de quatro unidades básicas: entrada, memória, processo e saída. Nessas unidades as informações são recebidas, submetidas a um conjunto específico e predeterminado de operações lógicas e os resultados dessas operações são fornecidos ao fim do processamento. — O uso do computador expressa-se em um contexto de contínua interação. Nesse sentido, o computador não é apenas um instrumento que prolonga nossos poderes de comunicação ou de processar informações, realiza operações e interpreta informações de modo correspondente ao nosso. Com isso possibilita uma qualidade de interação que tem valor de desenvolvimento (Lino de Macedo).

COMUNICAÇÃO — Processo pelo qual se conduz o pensamento de uma outra pessoa, ou de um grupo a outro. — Transmissão de qualquer estímulo que venha a alterar ou revigorar qualquer comportamento, por meio dos veículos de comunicação ou da interação pessoal. — Uma das cinco funções básicas de Relações Públicas.

COMUNHÃO — Ato de compartilhar da interação social de modo consciente.

COMUNICAÇÃO ADMINISTRATIVA — Intercâmbio de informações dentro de uma empresa ou repartição, tendo em vista sua maior eficiência e melhor atendimento ao público.

COMUNICAÇÃO DIRIGIDA — É a forma de Comunicação que tem por finalidade transmitir, conduzir e algumas vezes recuperar a informação para estabelecer a comunicação limitada, orientada e freqüente com selecionado número de pessoas homogêneas e conhecidas.

COMUNICAÇÃO EMPRESARIAL — Ver *COMUNICAÇÃO ADMINISTRATIVA*.

COMUNICAÇÃO GRÁFICA — É a espécie de comunicação que se utiliza de visualização da mensagem, de forma que transmita com clareza e eficiência.

COMUNICAÇÃO INSTITUCIONAL — Ver *COMUNICAÇÃO ADMINISTRATIVA*.

COMUNICAÇÃO INTERNA — Comunicação com o pessoal ou membros de uma companhia ou organização. — Memorando, cujo teor deve ser tornado público na mesma instituição ou empresa em que é elaborado.

COMUNICAÇÃO MASSIVA — Ver *VEÍCULO DE COMUNICAÇÃO MASSIVA*.

COMUNICAÇÃO ORGANIZACIONAL — Comunicação Organizacional é considerada como processo dinâmico mediante o qual as organizações se relacionam com o meio ambiente e dele as subpartes da organização se conectam entre si. Por conseguinte a comunicação organizacional pode ser vista como fluxo de mensagem dentro de uma rede de relações interdependentes (Gerald M. Goldhaber).

COMUNICAÇÃO SOCIAL — Termo criado pela Igreja Católica Apostólica Romana (1962) para substituir a expressão "veículos de comunicação de massas".

COMUNICADO — Mensagem preparada para a divulgação pela imprensa ou por qualquer outro veículo de comunicação.

COMUNICAR — Ato de conduzir o pensamento de uma pessoa a outra de um grupo a outro. — Emitir material à imprensa ou a qualquer veículo de difusão.

COMUNIDADE — Área geográfica, adjacente, influenciada e afetada pela política de uma empresa ou organização e pelos seus produtos ou serviços. — Subgrupo, com características idênticas às de uma sociedade, mas em menor escala e com interesses comuns mais restritos e menos coordenados. — Qualquer grupo de pessoas que vivam juntas, de forma a participarem, não deste ou daquele interesse especial, mas de todo um conjunto de interesses bastante completo para abranger suas vidas (R.M. Mac Iver). — Agrupamento de pessoas que, vivendo em uma região, tem por característica essencial uma forte coesão, baseada no consenso espontâneo de seus integrantes e traduzida por atitudes de cooperação, em face de interesses e aspirações comuns. — A comunidade, onde a instituição ou empresa está situada, pode vir a se transformar em público dos mais importantes, para a atividade de Relações Públicas.

CONCEITO — Idéia a respeito de uma instituição ou empresa, mediante o conhecimento intelectual. — Relações Públicas devem preocupar-se em estabelecer e manter o conceito de uma instituição ou empresa junto aos seus públicos, de modo racional e exato.

CONCEITO DE EMPRESA — É o juízo que se forma de modo consciente em torno de uma instituição ou empresa, num determinado espaço de tempo, por meio de informações, idéias, contatos e acontecimentos. É um processo lento, pois os resultados estão condicionados ao tempo exigido para estes acontecimentos. As Relações Públicas planificam a "dose" de informações para que não dêem lugar a deformações. Analisam e adequam as mensagens em função das distintas técnicas que requer cada meio (massivo ou dirigido) e as características distintas dos públicos receptores. Em face desse conceito é que se estabelece a atitude do público perante a empresa.

CONCEPÇÃO — Sistema lógico de conceitos. — Formação de um conceito ou qualquer pensamento (Carlos Lopes de Mattos).

CONCESSIONÁRIA — Pessoa jurídica de direito privado encarregada de executar serviços públicos.

CONCESSAO — Privilégio que o Estado concede a uma empresa para explorar serviço público. — Ato de ceder seu direito a favor de outrem.

CONCORRÊNCIA PÚBLICA — Procedimento administrativo que visa assegurar iguais oportunidades aos que desejarem contratar com a Administração Pública. — Compreende cinco tipos: a) concorrência propriamente dita; b) tomada ou coleta de preços; c) convite; d) leilão; e) concurso para elaboração de projetos. — Também conhecida pela denominação de licitação.

CONCORRENTES — São uma categoria de público externo que, no mesmo ramo de atividades, pretendem o mesmo objetivo; como público em Relações Públicas, eles não podem ser considerados rivais ou competidores.

CONCURSO — Forma de verificar a aptidão ou direito de um candidato a determinado cargo ou função, ou ainda a uma recompensa. — Processo normal de provimento da maioria dos cargos públicos.

CONDUTA — Comportamento individual que é controlado em face das expectativas de outras pessoas.

CONECTAR — Ligar-se, por intermédio do computador, a uma BBS ou à INTERNET.

CONFERAMA — Veículo de comunicação oral dirigida, usado em Relações Públicas, que se utiliza da conferência ilustrada com dramatização. Ao abordar o tema, o conferencista estabelece um quadro de referências. Para maior elucidação e objetividade, utiliza-se também de situações representadas por atores. Este gênero e sua denominação foram patenteados no Brasil.

CONFERÊNCIA — Discussão ou preleção em público ou perante certo número de pessoas sobre determinado assunto. — Reunião de pessoas para estudar e adotar conclusões sobre um assunto específico, tendo como base os planejamentos feitos com temas previamente designados. — Veículo de comunicação dirigida oral.

CONFERÊNCIA COM DEBATES — Conferência que se encerra com uma fase de debates.

CONFERÊNCIA DE IMPRENSA — Reunião especialmente convocada de jornalistas, durante a qual são transmitidos a esses profissionais informações ou dados em torno de um assunto específico. Somente são abordadas perguntas sobre esse assunto. O mesmo que "entrevista coletiva".

CONFERÊNCIA INTERAMERICANA DE RELAÇÕES PÚBLICAS — Até agora foram realizadas vinte Conferências Interamericanas de Relações Públicas, a saber: Primeira (1960), no México; Segunda (1961), em Caracas; Terceira (1962), em Santiago; Quarta (1963), no Rio de Janeiro; Quinta (1964) em San Juan (Porto Rico), Sexta (1965), em Montevidéu; Sétima (1966), no México; Oitava (1968), em Lima; Nona (1969), em Buenos Aires; Décima (1971), em Caracas; Décima Primeira (1973), em Bogotá; Décima Segunda (1975) em Curaçau (Antilhas Holandesas), Décima Terceira (1977), no México; Décima Quarta (1979), em São Paulo; Décima Quinta (1981), em Lima; Décima Sexta (1983), em Montevidéu; Décima Sétima (1985), em Assunção; a partir da Décima Oitava, passou a denominar-se Congresso e ocorrerá de três em três anos, conforme modificação dos Estatutos. Décimo Oitavo (1987), em Caracas; Décimo Nono (1990), em Florianópolis. O Vigésimo Congresso realizou-se em Cusco (1993). O próximo está marcado para outubro de 1996, em Santiago.

CONFIARP — Sigla da Confederação Interamericana de Relação Pública, que substituiu a FIARP. Foi criada em novembro de 1985, em Assunção, por ocasião da XXVI reunião do Conselho Diretório daquela entidade.

CONFLITO — Processo-situação em que dois ou mais seres tentam reciprocamente frustrar seus propósitos ou impedir a satisfação de seus interesses antagônicos, podendo chegar inclusive um lado a ferir ou destruir o oponente — Luta declarada e direta de várias pessoas ou grupos pelo mesmo motivo ou interesse.

CONGRESSO — Reunião de pessoas com o objetivo de estudar temas diversos, apresentados para consideração de assistentes, e cujas conclusões são adotadas, no todo ou em parte. — O planejamento, a organização e a execução de Congressos devem ficar a cargo de especialistas de Relações Públicas. — Veículo de comunicação dirigida oral com bom emprego em Relações Públicas.

CONGRESSO BRASILEIRO DE RELAÇÕES PÚBLICAS — Já foram efetuados treze congressos nacionais de Relações Públicas, a saber: o primeiro, em Petrópolis (1972), sob o patrocínio da Seção da ABRP-RJ; o segundo em São Paulo (1974), promovido pela Seção Regional Paulista da ABRP; o terceiro, em Fortaleza (1975), sob a responsabilidade da ABRP-CE; e o quarto, em Maceió e Penedo no Estado de Alagoas (1976), organizado pela Regional alagoana da ABRP. Neste último Congresso foi comemorado o centenário de nascimento de Eduardo Pinheiro Lobo — O quinto foi realizado em Curitiba, em 1978. Os sexto, sétimo e oitavo foram realizados em Recife, Brasília e Belo Horizonte. O nono foi em Salvador em 1988. Os décimo e o décimo primeiro foram em Gramado e Florianópolis, em 1988 e 1990, promovidos pelas ABRP-RS e SC. Em Aracaju foi realizado o décimo segundo (1993). O décimo terceiro teve lugar no Rio de Janeiro, em outubro de 1994. Em 1996, será realizado o décimo quarto na cidade de Maceió.

CONGRESSO INTERAMERICANO DE RELAÇÕES PÚBLICAS — Ver *CONFERÊNCIA INTERAMERICANA DE RELAÇÕES PÚBLICAS*.

CONGRESSO MUNDIAL DE RELAÇÕES PÚBLICAS — O I Congresso Mundial de Relações Públicas realizou-se em Bruxelas (1958), promovido pelo Centro Belga de Relações Públicas; o II Congresso teve lugar em Veneza (1961), sob o patrocínio da Associação Italiana de Relações Públicas; em Montreal (1964), realizou-se o III Congresso, organizado pela Sociedade Canadense de Relações Públicas e a PRSA; o IV Congresso foi realizado no Rio de Janeiro pela ABRP (1967); em Jerusalém (1970) teve lugar o V Congresso, patrocinado pela PRAI.; o VI Congresso aconteceu em Genebra (1973), promovido pela SSPR; o VII Congresso realizou-se em Boston (1976), organizado pela PRSA; o VIII Congresso Mundial, em Londres (1979). Em Bombaim realizou-se o IX Congresso (1982). Em 1985 em Amsterdam ocorreu o X Congresso. Em Melbourne (1988) foi realizado o XI Congresso. Em 1991, em Toronto, teve lugar o XII Congresso Mundial. Em Punta Del Leste, em 1994 realizou-se o XIII Congresso Mundial, com a colaboração da CONFIARP e realização de AURP.

CONHECIMENTO — Faculdade de pensar. — Apreensão ou compreensão de um objeto. — Nota de despacho de mercadorias.

CONOTAÇÃO — Interpretação de um símbolo, gesto ou palavra, diferente do seu real significado, seja devido a elementos perturbadores, seja por cognição insuficiente do receptor. — Ação de conotar ou de existir uma palavra com dois significados.

CONSELHO FEDERAL DE PROFISSIONAIS DE RELAÇÕES PÚBLICAS — Autarquia federal, de caráter profissional, com as atribuições de coordenar, fiscalizar e disciplinar o exercício da profissão de Relações Públicas no território nacional. Compreende também os Conselhos Regionais de Profissionais de Relações Públicas, atualmente em número de sete (Rio de Janeiro, São Paulo, Rio Grande do Sul, Minas Gerais, Pernambuco, Distrito Federal e Pará).

CONSEJO PROFESIONAL DE RELACIONES PÚBLICAS — Antiga Associação Argentina de Profissionais de Relações Públicas. — Membro fundador da FIARP, hoje CONFIARP. — Promoveu a IX Conferência Interamericana de Relações Públicas, em Buenos Aires (1969).

CONSELHEIRO — Pessoa que aconselha ou exerce atividades consultivas.

CONSELHEIRO DE RELAÇÕES PÚBLICAS — Pessoa qualificada em razão de sua experiência e formação especializada, a quem os clientes recorrem para consultar sobre problemas de Relações Públicas, podendo ser também encarregada de conceber e realizar programas desse ramo de atividade. A renumeração é feita na forma de honorários (IPRA).

CONSENSO — Sentimento compartilhado pelos participantes de um grupo, de forma consciente. — Concordância grupal que se expressa mediante uma decisão conjunta.

CONSULTOR — Aquele que é especialista em determinada área, dentro de uma função de assessoramento.

CONSUMIDOR — Aquele que compra e utiliza os bens e serviços produzidos.

CONSUMISMO — Conjunto de movimentos e causas com intenção de proteger o consumidor na compra de bens e serviços, segurança do produto e outros assuntos correlatos.

CONTATO — Parte das chamadas "Relações com o Público", que se preocupa com os contatos pessoais entre os funcionários de uma empresa (governamental ou privada) e o público em geral, e traça as diretrizes, as técnicas e as atividades, com o objetivo de incentivar, melhorar ou consolidar proveitosamente esses contatos. — Pessoa encarregada, nas Agências de Propaganda, de manter contato com os clientes da agência.

CONTATO PESSOAL DIRETO — Contato caracterizado pela presença física.

CONTATO PESSOAL INDIRETO — Contato por meio de telefone, correspondência ou outros veículos de comunicação pessoal.

CONTATO SIMPÁTICO — Contato social que se caracteriza por relações mútuas de estima entre os participantes de uma entidade ou de um empreendimento.

CONTATOS — Em Relações Públicas, na função de execução, os contatos são os modos de manter relacionamento com a imprensa e a comunidade. Também pode ser chamado de intercâmbio.

CONTENCIOSO — Departamento ou setor de administração, que tem a seu cargo os negócios litigiosos.

CONTEXTO — Encadeamento de idéias de um escrito ou discurso. Junção das partes de um todo.

CONTEXTO MENTAL — Universo mental; série conexa de fatos e axiomas em função dos quais os membros de um grupo pensam, definem as situações, assumem o papel de cada um e do grupo em seu conjunto, emitem pensamentos consonantes e tomam atitudes unânimes, em um subseqüente processo de comunicação.

CONTEXTO ORGANIZACIONAL — Série conexa de fatos e idéias, em função dos quais os membros de uma organização pensam acerca de situações, tomam atitudes e emitem opiniões.

CONTRAFAÇÃO — Falsificação de produtos, valores ou assinaturas de outrem. — Violação do direito da propriedade intelectual.

CONTRAPLANO — Recurso de se gravar o entrevistado, na televisão, mas sem som.

CONTRATO — É o ajuste feito entre duas ou mais partes, objetivando o estabelecimento de obrigações recíprocas. — Acordo entre duas ou mais pessoas que transferem entre si algum direito ou se sujeitam a alguma obrigação.

CONTRATO ADMINISTRATIVO — Ajuste entre a Administração Pública e particulares firmado por escrito e sob condições impostas pela própria Administração.

CONTRIBUIÇÃO DE MELHORIA — Tributo rateado entre os beneficiados pela melhoria, realizada por iniciativa do poder público.

CONTRIBUINTE — Aquele que, por lei, é obrigado a pagar impostos, taxas ou contribuições.

CONTROLE — Função administrativa de verificação, comparação e avaliação dos resultados obtidos dentro da empresa, em suas diversas áreas. — Fiscalização financeira.

CONTROLE SOCIAL — Processo pelo qual uma sociedade ou grupo procura assegurar a obediência de seus membros por meio dos padrões de comportamento existentes (Emílio Willems). — O mesmo que coerção social.

CONTROVÉRSIA — Motivação; origem da opinião pública. — Espécie de questão ou caso que é objeto de apreciação, discussão ou decisão por parte de um público.

CONVENÇÃO — Reunião deliberativa de membros de um partido político para a escolha de candidatos. — Aquilo que é totalmente aceito nas relações sociais. — Reunião informativa de revendedores ou concessionários para conhecimento e troca de informações e experiências.

CONVÊNIO — Acordo celebrado entre entidades públicas ou privadas, mediante o qual se comprometem a cumprir o que foi estabelecido em assunto de interesse comum.

CONVERSÃO — Desvio da opinião pública de um lado da questão para o outro. — Rejeitar ou aceitar, publicamente, um certo número de atitudes.

CONVERSA PESSOAL — Uma das principais formas de comunicação oral. Compreende duas formas: 1) conversação horizontal, entre pessoas da mesma categoria social; 2) conversação vertical, entre pessoa de atividades diferentes ou de categorias sociais e hierárquicas diferentes.

CONVITE — É o instrumento pelo qual se faz uma convocação; pede-se o comparecimento de alguém ou solicita-se sua presença em alguma parte ou em um ato (Odacir Beltrão). — Modalidade de concorrência pública para compras ou serviços entre interessados no ramo pertinente ao objeto de licitação.

CONVOCAÇÃO — Chamada de associados para uma assembléia ou reunião de uma entidade.

COOPERAÇÃO — A realização harmônica do trabalho conjunto, tendo em vista alcançar-se uma meta comum (A. E. Benn).

COORDENAÇÃO — Disposição ordenada do esforço do grupo a fim de promover unidade na consecução de um propósito comum. — A coordenação em Relações Públicas tem dois aspectos: interna, visando ao trabalho de equipe dentro da instituição; e externa, com os demais serviços de Relações Públicas de outras instituições.

COORDENADOR — Aquele que é responsável por uma Coordenadoria.

COORDENADORIA — Um dos órgãos da divisão administrativa de uma organização com a responsabilidade de orientar, supervisionar e metodizar as atividades da instituição.

CÓPIA — Traslado dos dizeres de um escrito ou impresso. — Cada um dos exemplares saídos de uma chapa fotográfica.

CÓPIA AUTÊNTICA — Reprodução fiel do ato escrito original. São suas espécies o traslado, as públicas-formas, reproduções fotostáticas, xerox e fac-símiles.

CÓPIA POSITIVA — Cópia em que os valores de tonalidades são idênticos àqueles do original (G. Oscar Campiglia).

COPIÃO — Positivo do filme destinado aos trabalhos de corte, montagem, dublagem, mixagem e sonorização.

COPIDESQUE — Ver REESCREVEDOR.

CORPO — Medida gráfica dos caracteres tipográficos. — Tamanho das letras.

CORREIO ELETRÔNICO — Conjunto de mensagens trocadas por usuários de BBS ou da INTERNET.

CORRESPONDÊNCIA — Conjunto de normas regedoras das comunicações escritas entre pessoas ou entidades (Odacir Beltrão). — Veículo de comunicação dirigida que se utiliza da palavra escrita. Existem vários tipos, tais como: carta, ofício, cartão-postal etc.

CORTE — No cinema, a mudança rápida de uma cena feita pelo câmara ou no laboratório.

COTA — Porção de capital de cada sócio nas sociedades de cota de responsabilidade limitada. — Nota ou referência à margem de um processo ou livro. — Pronunciamento nos autos de um processo.

COTAÇÃO — Preço pelo qual se negociam mercadorias, títulos, ações fundos públicos em bolsas ou praças.

COUNSELLING — Técnica utilizada em Relações Públicas para conhecer a atitude do público interno. — *Counselling* é empregada em Relações Humanas no Trabalho como técnica de ouvir os empregados.

CPRA — Sigla da Chinese Public Relations Association, fundada em Taipé, (Formosa), em 1956.

COZINHAR — Reescrever ou adaptar textos em redação de jornal, revista, rádio ou televisão.

CRENÇA — Aceitação como verdadeiro de um determinado postulário. A realidade da crença não depende da verdade intrínseca e objetiva do postulário. O caráter de sua derivação não afeta a força da crença em si.

CRIATIVIDADE — Capacidade de apresentar algo novo, por meio da inteligência e da imaginação.

CRISTALIZAÇÃO — Ação de produzir no público consciência de atitudes, previamente vagas ou subconscientes.

CRÍTICA — Exame de alguma obra a fim de analisá-la. — Comentário minucioso. A expressão é geralmente utilizada em sentido desfavorável.

CRÔNICA — Comentários despretensiosos em seção de jornal e revista, assinadas pelo autor, acerca de pessoas ou fatos. — Biografia de uma pessoa, geralmente em forma pitoresca ou caricata.

CRONOGRAMA — Gráfico em que se registra o início e o final de uma pesquisa, censo ou atividade programada.

CRUZETAS — Armação de madeira com quatro lâmpadas para fornecer condições de luz para gravação.

CULTURA — Modo de expressar-se de uma sociedade por seus conhecimentos, idéias, padrões de comportamento e atitudes. — Produto de interação social.

CULTURA DE EMPRESA — Ver *CULTURA ORGANIZACIONAL.*

CULTURA DE MASSA — Conjunto de produtos culturais, industrialmente realizados, que visam ao consumo dos mais diversos segmentos sociais (Dicionário Crítico da Comunicação).

CULTURA ORGANIZACIONAL — Normas e valores específicos e verificáveis mediante a análise do conjunto de princípios e de crenças básicas que os membros de uma determinada organização compartilham e que a diferenciam de outras, ainda que pertençam ao mesmo setor ou à mesma zona geográfica (José Maria Anzizu). — Para Relações Públicas, o estudo da cultura organizacional é fundamental, pois ela se define com o tempo e deve ser pesquisada e estimulada para que o básico das empresas, a determinação de se manterem vivas e atuantes, seja preservado.

CURRÍCULO — Elenco de disciplinas ou conjunto de disciplinas que integram um programa ou carreira de estudos.

CURRÍCULO DE VIDA — ("Curriculum Vitae") — Descrição escrita e pormenorizada de identidade, habilitação profissional, instrução, atividade, publicações, títulos, prêmios e medalhas de uma pessoa.

CUSTO — Preço pelo qual se paga alguma coisa. — Valor em dinheiro.

CUSTO SOCIAL — Diz-se da soma que a sociedade está disposta a pagar por determinado produto. O custo social não corresponde, evidentemente, ao custo de produção (Luiz Souza Gomes).

D

DADO — Algo conhecido e tido como certo, que é tomado como base de raciocínio ou cálculo.

DATA DE EMISSÃO — Tempo e data em que a informação, emitida para a imprensa e veículos de divulgação, será exposta a exame público. O dia de emissão é justificado quando coincide com uma ocorrência que ainda não aconteceu, como um discurso.

DEBATE — Discussão entre dois ou mais oradores, previamente comprometidos a defender um ponto de vista, em torno de determinado assunto, participando a assistência somente com aplausos ou protestos. — Essa forma de reunião encontra-se em franco desuso em Relações Públicas.

DEBÊNTURE — Título de Crédito ao portador emitido por sociedades anônimas ou comanditas.

DECISÃO — Ato pelo qual uma autoridade, pública ou privada, resolve fatos ou problemas submetidos à sua deliberação. — Atividade da Administração baseada na interpretação e análise correta de dados. — Ato de escolher ou optar por uma alternativa.

DECLARAÇÃO — Documento que afirma ou nega a existência de um fato ou direito. — Manifestação de opinião, conceito ou resolução.

DECLARAÇÃO PÚBLICA — Manifestação de opinião da alta administração de uma empresa ou instituição acerca de fatos relacionados com suas atividades, por meio de veículos de comunicação massiva. — Geralmente, essa declaração é redigida pela Assessoria de Relações Públicas da empresa ou instituição.

DECRETO — Ato pelo qual o Poder Executivo manifesta sua vontade, criando, modificando ou extinguindo direitos. — Ato pelo qual o chefe do Poder Executivo determina a observação de uma regra legal.

DECRETO-LEI — Decreto com poder de lei, que o chefe do Poder Executivo promulga sem manifestação do Poder Legislativo, hoje substituído pela Medida Provisória. Ver *MEDIDA PROVISÓRIA.*

DECUPAGEM — Marcação das cenas no roteiro cinematográfico, com indicações técnicas.

DEFENSOR DO POVO — Ver *OMBUDSMAN*.

DEFINIÇÃO — Operação lógica pela qual se determina a compreensão de um conceito por um conjunto característico de notas (Carlos Lopes de Mattos).

DELEGAÇÃO — Cessão de uma parte de autoridade e atribuições de um superior a um subordinado.

DELIBERAÇÃO — Resolução tomada por uma assembléia.

DEMISSÃO — Destituição ou dispensa de cargo, função ou emprego.

DEN NORSKE PUBLIC RELATIONS KLUB — Sociedade Norueguesa de Relações Públicas fundada no dia 26 de outubro de 1949, em Oslo.

DENOTAÇÃO — Extensão de um conceito. — Indicação mediante atribuições ou sinais.

DEONTOLOGIA — Parte da Filosofia em que se estudam os princípios e sistemas de moral. — Teoria dos deveres.

DEPARTAMENTALIZAÇÃO — Divisão de uma empresa em órgãos componentes, a saber: departamento, divisão, serviço, seção e setor.

DEPARTAMENTO — Um dos órgãos da divisão administrativa de uma organização; comporta divisões, serviços, seções e setores.

DESARRAIGADO — Pessoa que vive sem respeito a leis ou costumes. Por extensão, diz-se daquele que vive em uma coletividade ou grupo e se comporta como um estranho.

DESCENTRALIZAÇÃO — Descongestionamento de poderes e funções na área administrativa. — Transferência de atribuições dos órgãos centrais para os órgãos locais.

DESCODIFICAR — Repor em sua forma original a mensagem que foi codificada.

DESCRITOR — Palavra ou expressão usada por indexação e tesauro para apresentar um conceito delimitado.

DESENVOLVIMENTO ORGANIZACIONAL — Processo educacional que tem por objetivo melhorar a eficiência das empresas, utilizando-se dos conhecimentos proporcionados pelas Ciências do Comportamento.

DESPACHO — Decisão que a autoridade pública profere sobre qualquer pedido ou processo submetido à sua deliberação. — Provimento em cargo público. — Matéria encaminhada às redações pelas sucursais ou enviado especial.

DIA INTERAMERICANO DE RELAÇÕES PÚBLICAS — Todos os anos, em 26 de setembro, é comemorado, no continente americano, o Dia Interamericano de Relações Públicas, data da fundação da Federação Interamericana de Associações de Relações Públicas, hoje CONFIARP.

DIAFILME — Tira contínua de filme, na qual os quadros são apresentados numa seqüência fixa, mas não simulando movimento. Geralmente acompanhada de uma gravação que é sincronizada com a seqüência dos quadros do filme.

DIAGNÓSTICO — Método de levantamento e análise do desempenho de uma empresa ou instituição interna ou externamente, de modo a facilitar a tomada de decisões. — É uma das mais importantes atribuições de Relações Públicas.

DIÁGRAFO — Instrumento para traçar quaisquer figuras retilíneas e curvilíneas.

DIAGRAMA — Representação gráfica de determinado fenômeno. Disposição permanente marcada de espaços a serem ocupados em forma de livro.

DIAGRAMAÇÃO — Arte de apresentação gráfica, que combina harmonia e técnica no arranjo das páginas de jornais ou revistas.

DIAGRAMADOR — Profissional especializado no desenho da página.

DIALÉTICA — Arte de expor ou discutir. — Método de raciocinar, que procura a verdade por meio de oposição e reconciliação de contradições.

DIÁLOGO — Conversação alternada entre duas ou mais pessoas. Procura de uma estrutura verbal em direção à verdade. — Pode-se dizer que as Relações Públicas são a metodização do diálogo.

DIAPOSITIVO — Placa fotográfica (de vidro ou de película) utilizada na projeção em uma tela, como acompanhamento visual em exposição oral. — Imagem fotográfica positiva transparente, que pode ser projetada em uma tela por meio de aparelho especial.

DIÁRIO — Jornal que se publica todos os dias. — Livro comercial obrigatório em que se escrituram todas as operações realizadas, bem como o resumo do balanço geral de uma empresa.

DICIONÁRIO — Conjunto de termos próprios ou afins de uma ciência, arte, técnica ou método e com a respectiva significação.

DIFUSÃO — Propagação de elementos informativos por meio dos veículos de comunicação. Derramamento de fluido.

DIFUSÃO CULTURAL — Divulgação e aplicação de idéias e conhecimentos, inclusive a produção de obras de arte.

DIPLOMA — Documento legal que declara determinada habilitação de alguém ou lhe confere um grau.

DIREÇÃO — Função administrativa que abrange as atividades que estão ligadas a guiar e supervisionar os subordinados.

DIREITO — Um interesse protegido pela lei (Hering). — Faculdade legal de praticar ou deixar de praticar um ato.

DIRETOR — Ver *EXECUTIVO*.

DIRETOR DE RELAÇÕES PÚBLICAS — Planejador, coordenador e controlador do Departamento de Relações Públicas, além de assessor da alta administração da empresa.

DIRETORIA — Pessoas incumbidas de determinar a política da empresa ou instituição, planejar, controlar e dirigir suas atividades administrativas e operacionais.

DIRETRIZ — Comunicação expedida por autoridade com a finalidade de traçar orientação e permitir a execução da política estabelecida. — Norma de procedimento administrativo.

DISCURSO — Conjunto de idéias, dispostas com certa ordem e extensão, pelas quais alguém declara em público o que pensa sobre um assunto. — Veículo de comunicação dirigida oral, que dever ser curto e conter mensagem.

DISCUSSÃO — Debates ante uma controvérsia, por meio de considerações racionais.

DISPENSA — Término de relação de emprego por iniciativa do empregador. — Isenção de dever ou encargo.

DISPLAY — Mensagem montada em cartolina, com um suporte na parte traseira, para ser exposta em balcões ou vitrinas.

DISPONÍVEL — É a importância que a empresa tem no seu balanço, para ser usada em obras sociais.

DISQUETE — Unidade de disco de pequena capacidade utilizada para arquivos de segurança e para o transporte de arquivos.

DISSERTAÇÃO — Proposição que se apresenta para ser defendida em público, para a obtenção de título de mestre em uma Universidade. — Exposição desenvolvida de um ponto doutrinário.

DÍSTICO — Rótulo ou letreiro. — Máxima de dois versos.

DISTINTIVO — Objeto de cartolina ou metal para identificar pessoas ou instituições. — É muito utilizado nas visitas programadas às empresas.

DISTRATO — Rescisão ou dissolução de um contrato.

DIVISÃO — Um dos órgãos da divisão administrativa de uma organização; contém serviços, seções e setores.

DIVISÃO DE TRABALHO — Processo que utiliza a especialização para marcar adversidade de funções.

DIVULGAÇÃO — Fornecimento ou disseminação de informações, sem nenhuma preocupação de caráter persuasivo. — Vulgarização de um fato por meio dos veículos de comunicação.

DOCUMENTAÇÃO — Conjunto de funções e técnicas que permitem analisar, indexar, organizar, recuperar e transmitir informações contidas nos documentos. — Acervo de documentos pesquisados, classificados e arquivados em torno de determinado assunto. — Registro de atos para perpetuação e informação. — Conjunto dos documentos produzidos num processo.

DOCUMENTALISTA — Aquele que trabalha em centros de documentação, fazendo seleção de documentos, organização do acervo, análise, indexação e comunicação das informações contidas nesses documentos. Faz também a estrutura de sistemas de tratamento das informações por meio de computação e cuida dos sistemas reprográficos.

DOCUMENTÁRIO — Filme de atualidades ou filme de enredo, que se destina a documentar grandes acontecimentos.

DOCUMENTARISTA — Cineasta especializado em produzir filmes documentários.

DOCUMENTO — Qualquer tipo ou gênero de material visual, destinado a ser fonte de informações. — Declaração escrita para servir de prova.

DONATIVOS — Auxílio, em dinheiro ou produtos, ofertado pelas empresas às instituições de caridade.

DOUTRINA — Sistematização de uma ciência. — Teoria de qualquer ciência.

DPRG — Sigla da Deutsche Public Relations Gesellschaft, entidade da então Alemanha Ocidental filiada ao CERP, como sócio fundador.

DPRK — Sigla do Dansk Public Relations Klub (Sociedade Dinamarquesa de Relações Públicas), entidade filiada ao CERP, desde 1974.

DRAMATIZAÇÃO — Reunião instrutiva que se utiliza da dramatização para alcançar a participação de seus partícipes, despersonalizando a questão em análise, assegurando assim maior liberdade para chegar à solução.

DUBLAGEM — Gravação dos diálogos de um filme em outra língua que não a falada na versão original.

E

ECOSSISTEMA — Conjugação de relacionamento entre animais, vegetais e microorganismos em determinado ambiente.

EDIÇÃO — Impressão e publicação de uma obra literária ou artística. — Total dos exemplares de trabalho impresso, sem que sofra modificações.

EDITAL — Instrumento hábil, publicado pela imprensa, para convocar sócios de uma entidade. — Ato pelo qual se torna público um fato que deva ser conhecido pelas pessoas nele mencionadas ou por outras que possam ter interesse no assunto focalizado.

EDITOR — Responsável pela produção de um jornal ou revista ou ainda de seções desses periódicos.

EDITORIA — Cada uma das seções especializadas de uma publicação.

EDITORIAL — Matéria interpretativa em jornal que leva a assinatura de seu autor. — Ponto de vista de um jornal ou revista sobre determinado assunto.

EDUCAÇÃO — Conjunto de normas pedagógicas que visa ao aperfeiçoamento da personalidade. — Processo social dinâmico e ativo de orientação da geração mais nova de uma sociedade.

EFEITO — Impacto ou influência que uma notícia ou informação provoca em uma audiência. — Impressão visual ou sonora criada artificialmente.

EFEITO MULTIPLICADOR — Artifício de comunicação que estimula numerosas pessoas a disseminar a mesma informação. Por exemplo, um *folder* de notícias de imprensa que membros de uma organização, em diferentes áreas, usam com os veículos locais.

EFICÁCIA — Modo de fazer as coisas com bons resultados.

EFICIÊNCIA — Execução da coisa certa, no tempo certo, no lugar certo e pela pessoa certa.

ELITE — Teoricamente pode conceber-se a escolhida minoria, mediante um sistema de provas, méritos, maior aptidão e capacidade para serviços de responsabilidade. — Minoria dominante dentro de um grupo maior. — Tipo miúdo usado em máquina de escrever.

ELOQÜÊNCIA — Arte de falar. — Arte de captar a atenção dos ouvintes por meio de palavras.

EMENDA — Proposta acessória pela qual se altera uma proposta principal. As emendas podem ser: supressiva, modificativa e aditiva. — Correção, acréscimo ou corte no texto original.

EMENTA — Sumário do que está contido numa lei ou num decreto. — Apontamento de receita e despesa.

EMISSOR — Pessoa ou grupo de pessoas que produzem a mensagem no processo de comunicação. — O mesmo que Fonte e Transmissor.

EMPASTELAR — Misturar ou amontoar confusamente os tipos na composição tipográfica.

EMPREGADO — Pessoa física que presta serviços permanentes em uma empresa, mediante salário.

EMPATIA — Apreciação emocional dos sentimentos alheios. — Ver as coisas pelo ponto de vista de outrem.

EMPREGADOR — Pessoa física ou jurídica que admite empregados.

EMPRESA — Unidade econômica que se propõe a produzir bens ou serviços, objetivando o lucro.

EMPRESA DE QUALIDADE TOTAL — É aquela em que se sente, de imediato, um ambiente confortável e uma atmosfera descontraída e participativa.

EMPRESA DE RELAÇÕES PÚBLICAS — Ver *ASSESSORIA EXTERNA DE RELAÇÕES PÚBLICAS.*

EMPRESA PÚBLICA — Entidade dotada de personalidade jurídica de direito privado, com patrimônio próprio e capital exclusivo da União, criada por lei para a exploração de atividade econômica que o governo seja levado a exercer, por força de conveniência ou contigência administrativa, podendo revestir-se de qualquer das formas admitidas em direito (artigo 5º do Decreto-Lei nº 900).

ENCALHE — Exemplares de jornais e revistas devolvidos pelos jornaleiros.

ENCARTE — Anúncio de duas ou mais páginas, colocadas no centro da revista ou jornal, grampeado ou não.

ENDEREÇO ELETRÔNICO — Identificação utilizada para ter acesso e receber mensagens pelo computador, como se fosse um endereçamento postal comum.

ENTIDADE — Qualquer associação ou sociedade de pessoas criada para a defesa de uma classe ou para a prestação de serviços à coletividade.

ENTIDADE PARAESTATAL — Pessoa jurídica de direito privado, criada ou autorizada por lei, com patrimônio próprio e competência específica para o desempenho de certas atividades de interesse público. — As entidades paraestatais compreendem as empresas públicas e as sociedades de economia mista.

ENTRADA — Informação colocada num sistema de processamento de dados.

ENTRELINHA — O que não está claramente escrito, mas que se subentende. — Espaço entre duas linhas.

ENTRELINHAMENTO — Os claros entre as linhas impressas.

ENTREVISTA — Visita ou encontro preestabelecido, que deve obedecer a certos critérios, tais como: horário, assunto e cordialidade. — Conversa padronizada, com objetivo definido alheio à satisfação obtida da própria conversa.

ENTREVISTA COLETIVA — Ver *CONFERÊNCIA DE IMPRENSA*.

ENTREVISTA DE ADMISSÃO — Entrevista feita com o candidato a emprego, que fornece informações complementares e corretivas às possibilidades de admissão já obtidas por outros processos de seleção.

ENTREVISTA DE SAÍDA — Entrevista feita por ocasião da dispensa ou desligamento de um empregado, para dar a ele a oportunidade de se manifestar livremente.

ENTROPIA — Função pela qual se apreciam as variações do calor de um corpo em trabalho. — (Fig.) Diz-se de uma organização ou sistema que está perdendo rendimento.

EPIDIASCÓPIO — Veículo de comunicação dirigida auxiliar para projetar diapositivos, imagens impressas e pequenos objetos. — Aparelho muito utilizado nas palestras e reuniões informativas promovidas pelos Serviços de Relações Públicas.

EQUIPE — Grupo de pessoas dedicadas a uma mesma tarefa ou trabalho. — Relações Públicas são, essencialmente, atividades de equipe.

ERÁRIO — Tesouro Público ou Fisco.

ERÍSTICA — Arte da discussão com virtuosidade dialética. — Arte de discutir, como mero exercício filosófico.

ERRATA — Indicação e retificação de erros, que escaparam à revisão de trabalho impresso.

ESCALA — Relação de dimensões entre o desenho e o objeto representado.

ESCRITOR FANTASMA — Aquele que escreve discursos, artigos ou outros manuscritos a serem representados como trabalho de seu empregador ou cliente. — Pessoa encarregada de cooperar com a Administração na elaboração de discursos, conferências ou informes e que permanece no anonimato.

ESCRUTÍNIO — Indicação das atitudes, opiniões e aspirações de um grupo especificado de pessoas. — Votação por meio de cédulas, em uma assembléia ou plenário.

ESFORÇO — Tudo o que é feito para o bom desempenho das tarefas. — Fator de avaliação de cargo.

ESPECIALIZAÇÃO — Diferença de funções na capacidade dos que vão exercê-las, baseada na divisão de trabalho.

ESPECTADOR — Aquele que vê qualquer ato ou espetáculo. — Testemunha de um evento.

ESPECULADOR — Pessoa que compra e vende títulos e mercadorias na esperança de auferir grandes lucros com a flutuação dos preços no mercado.

ESPELHO — Esboço para as páginas de jornais e revistas, para indicar a colocação da matéria.

ESPÍRITO DE EQUIPE — Entusiasmo grupal, que se origina na consciência de pertencer a certo grupo e de participar de sua ação conjugada, com o fim de superar outro grupo congênere. — Um dos objetivos de Relações Públicas é o de criar o espírito de equipe dentro de uma instituição ou empresa.

ESPONTANEIDADE — Qualidade de saber se conduzir de modo natural, ante uma situação nova ou de dar nova resposta à situação antiga.

ESQUEMA — Representação em linhas gerais, gráfica ou escrita, de um fenômeno ou tema, que se vai apresentar em detalhe (Luiz Souza Gomes). — Quadro sinótico.

ESTABILIDADE — É a garantia legal de emprego, só permitindo a rescisão do contrato de trabalho por falta grave, relevante motivo econômico ou técnico.

ESTADO — Sociedade política soberana. — Nação politicamente organizada.

ESTADO-MAIOR — Ver *ASSESSORIA*.

ESTÁGIO — Período durante o qual o candidato a uma instituição ou empresa é treinado para as suas futuras atividades. — Situação transitória de aprendizado em uma empresa.

ESTAMPA — Figura ou ilustração impressa. — Ilustração fora do texto em folha de papel especial.

ESTAMPA DO NEGOCIANTE — Nome e endereço do negociante, impressos no facículo, panfleto, pôster ou em algo similar, geralmente em espaço separado para tal fim.

ESTATÍSTICA — Método que analisa, quantitativamente, os fenômenos sociais de massa.

ESTATUTO — Corpo de normas ou prescrições gerais, ditadas por entidades em geral. — Contrato social de uma sociedade anônima.

ESTÊNCIL — Folha de papel recoberta por substância gelatinosa utilizada para mimeografar.

ESTEREÓTIPO — Clichê de impressão. — (Fig.) Imagem simplificada aceita por um grupo um tanto rigidamente.

ESTEREÓTIPO INSTITUCIONAL — Juízo preconcebido e extremamente simples acerca das atividades de uma instituição dentro de um contexto social. Para tanto contribuem fatores que intervêm na mentalidade de quem o emite: a) seu *status* social; b) as subculturas dos grupos a que pertence; c) sua relação funcional com a instituição em questão; d) história de sua relação com certa instituição.

ESTEREÓTIPO PESSOAL — Opinião predisposta e muito simplificada acerca do modo de ser de uma pessoa.

ESTIGMATOGRAFIA — Arte de "escrever" ou desenhar com o auxílio de pontos.

ESTIPÊNDIO — Vencimento do servidor público.

ESTRUTURA — Organização de partes, de relativa permanência ou duração, capaz de atuar, como tal, de determinada maneira e cujo tipo se define pelas classes de ação que pode empreender (Floyd N. House). — Disposição e ordem das partes de uma organização.

ESTRUTURA ORGANIZACIONAL — Composição hierárquica e funcional dos recursos humanos compreendidos em uma organização.

ESTUDO DE CASO — Reunião instrutiva que tem por objetivo a análise, se possível completa, dessa situação verdadeira, que está sendo investigada e é de interesse geral.

ÉTICA — Parte da Filosofia que estuda os atos humanos do ponto de vista da apreciação quanto à distinção do bem e do mal (Carlos Lopes de Mattos).

ETIQUETA — Formas cerimoniosas de trato, que se usam em reuniões solenes. — Letreiro ou rótulo.

EVENTO — Fato que pode gerar sensação e ser motivo para notícia. — O mesmo que *Acontecimento*.

EVENTO EXCEPCIONAL — Fatos raros de uma empresa, por exemplo: inauguração de uma fábrica, visita de autoridades, cumprir 25 anos de funcionamento etc., e que possibilitam às Relações Públicas a programação de atos promocionais.

EVIDÊNCIA — Atividade da administração que elabora verificação válida, obtida mediante investigações convenientemente organizadas e efetivamente apresentadas pela utilização de médias, gráficos e outros artifícios estatísticos (A. E. Benn).

EXAÇÃO — Arrecadação rigorosa de impostos. — Exatidão e pontualidade no cumprimento do dever.

EXCESSO — Comércio de impressão, que permite entrega e encargo até 10% mais que a quantidade de material impresso encomendado.

EXECUÇÃO — Uma das funções básicas de Relações Públicas, que abarca a produção de material informativo e de todas as etapas e ações a serem desenvolvidas nos setores de Divulgação, Informações e Contatos.

EXECUTIVO — Administrador responsável pela tomada de decisões, em uma empresa ou parte dela.

EXEMPLAR — Cada uma das cópias de livros, jornais e revistas multiplicadas segundo o modelo original.

EXERCÍCIO — Período durante o qual é feita a arrecadação da receita e realizada a despesa, fixadas no orçamento.

EXPECTADOR — Aquele que espera obter algo, em face de probabilidades ou supostos direitos.

EXPECTATIVA — Espera fundada em promessas ou probabilidades. — Possibilidade de conseguir algo que se prevê.

EXPECTATIVAS DE COMPORTAMENTO — O que se espera de um membro de um grupo em relação ao comportamento dos membros de todo o grupo, em determinadas situações sociais.

EXPEDIENTE — Informações completas em torno de uma publicação (título da publicação, data de fundação, direção, corpo redacional, endereços, preços de assinatura etc.) que, obrigatoriamente, deve aparecer em qualquer página e em todos os números editados. — Horário de trabalho de uma empresa ou repartição. — Parte introdutória de uma reunião, onde se lê a correspondência e são feitas as comunicações.

EXPLICITAR — Expressar clara, precisa e formalmente uma idéia.

EXPOSIÇÃO — Exibição pública de produtos, objetos, fotografias etc., com a finalidade de divulgação. — Como veículo de comunicação, a Exposição tem as seguintes vantagens: divulga uma história velha de maneira nova; atinge todas as classes e idades; transmite informações, rápida e dramaticamente. As desvantagens são: pode confundir os espectadores pelo excesso de incentivos: é dispendiosa; e exige técnicos. — Na arte fotográfica, a exposição é o tempo durante o qual a luz deve incidir sobre o material sensível (filme ou papel) para formar a imagem fotográfica. — Veículo de comunicação massiva utilizado em Relações Públicas. — Dissertação de um tema.

EXPOSIÇÃO DE MOTIVOS — Documento que contém as considerações preliminares e doutrinárias que justificam um projeto de código ou de lei.

EXTERIORES — Lugar fora do estúdio cinematográfico onde se rodam cenas de um filme.

F

FAC-SÍMILE — Cópia exata ou reprodução de algo, geralmente produzido por um processo mecânico ou fotográfico a partir do original. Processo eletrônico de transmitir cópias exatas de material impresso ou fotográfico, através de longas distâncias.

FANTASIA — Criação por obra da imaginação. — Jóia falsa ou de pequeno valor.

FAX — Ver *FAC-SÍMILE*.

FECHAMENTO — Encerramento dos trabalhos de composição e paginação de jornal e revista.

FEDERAÇÃO NACIONAL DOS PROFISSIONAIS DE RELAÇÕES PÚBLICAS — Entidade fundada no Rio de Janeiro, em 17 de julho de 1991, constituída dos seguintes Sindicatos de Profissionais de Relações Públicas: Rio de Janeiro, São Paulo, Minas Gerais, Alagoas e Pernambuco.

FENÔMENO — Tudo o que está sujeito à ação de nossos sentidos. — O que aparece ao nosso conhecimento.

FEPER — Sigla da Federación Peruana de Relacionistas Públicos, membro-fundador da Federação Interamericana de Associações de Relações Públicas. Essa entidade promoveu a VIII Conferência Interamericana de Relações Públicas, em Lima (1968).

FEREP — Sigla da Federación de Relacionistas Peruanos, fundada em 1972, com representação no Conselho de Direção da CONFIARP.

FERPI — Federazione Italiana Relazioni Pubbliche Italia, fundada em 1967, com sede em Roma, uma das associações fundadoras do CERP.

FIARP — Sigla da Federação Interamericana de Associações de Relações Públicas, fundada em 26 de setembro de 1961, em Caracas (Venezuela). — A Associação Brasileira de Relações Públicas é uma das agremiações fundadoras da FIARP. — A entidade reunia as catorze Associações nacionais distribuídas em três zonas: Norte (Costa Rica, Porto Rico,

México, Panamá e Antilhas Holandesas); Central (Colômbia, Venezuela, Equador e Peru); Sul (Brasil, Chile, Argentina, Paraguai e Uruguai). Foi substituída pela CONFIARP, em 1985.

FICHA — Cartão em que se fazem anotações de pesquisa, de leitura e de estudos em geral para ulterior seleção e classificação. — Verbete com indicações para consulta.

FILME — Um dos veículos de comunicação que pode ser um dos primeiros instrumentos de Relações Públicas, se usado adequadamente. Vantagens: geralmente em forma de história, atinge todas as idades; possui o poder de apelo emocional; é um poderoso recurso aos olhos e ouvidos. Desvantagens: exige bom equipamento e técnicos; requer atenção integral.

FILME DE RELAÇÕES PÚBLICAS — Filme cinematográfico produzido pelo Serviço de Relações Públicas de uma instituição ou empresa, visando a informar e interpretar para o público, total ou parcialmente, seus objetivos, bem como seus métodos de trabalho.

FILME-RELATÓRIO — Filme que procura mostrar as atividades e realizações de uma empresa ou instituição, no período de um ano.

FILMOTECA — Arquivo de filmes, também chamada Cinemateca.

FILOSOFIA SOCIAL — Pensamento social sistematizado (Donald Pierson). — Estudo dos valores sociais.

FIO — Traço impresso que separa colunas, contorno, fotos ou grife em título nas publicações.

FLAN — Papelão especial para fazer matriz de estereotipia.

FLANELÓGRAFO — Veículo de comunicação dirigida auxiliar, constituído de um quadro de flanela esticada sobre uma superfície lisa e de ilustrações especialmente preparadas com tiras de lixa.

FLUXOGRAMA — Gráfico que visualiza a estrutura de organização, seus canais de conexão e comunicação para cumprir os objetivos fixados. — Representação gráfica da seqüência das diversas operações.

FOCA — Jornalista que está em seus primeiros dias de trabalho. — Estagiário de redação de jornal ou revista.

FOLDER — Peça de quatro páginas, geralmente impressa. — Pasta de quatro páginas, de papel duro, que contém outros materiais impressos.

FOLHA DE FATOS — Documento contendo fatos essenciais sobre um assunto, geralmente de forma não narrativa.

FOLHETO — Peça impressa, geralmente de quatro páginas. — Publicação de tamanho reduzido e de poucas páginas.

FOLKCOMUNICAÇÃO — Ciência que estuda a comunicação mediante agentes e meios ligados ao folclore.

FONTE — Conjunto de todas as mensagens que podem vir a ser transmitidas. — Conjunto de matrizes que integram a caixa tipográfica. — Ver também Emissor.

FORMATO — Tamanho, aspecto e aparência geral de uma publicação. — Dimensões e forma de uma publicação.

FÓRMULA — Folha impressa ou reproduzida por qualquer processo com espaços em branco para a inserção de informações ou de palavras complementares. — Resultado de um cálculo matemático.

FORMULÁRIO — Conjunto ou coleção de fórmulas.

FORMULÁRIO PESSOAL — Formulário preenchido por um candidato a emprego, no qual este declara quem é, o que tem a oferecer, o grau de instrução, as habilitações e o salário que espera receber.

FORO — Reunião questionadora caracterizada pelo livre debate de idéias e opiniões, com a participação de grande audiência, em amplo recinto também chamado foro.

FOTOCÓPIA — Sistema de reprodução por meio de fotografias com a utilização de papel sensibilizado especialmente.

FOTOGRAFIA — Veículo de comunicação dirigida auxiliar — Pode ser empregada isoladamente, ou com outro veículo de comunicação. Vantagens: atinge um grande número de pessoas de modo objetivo; conta a história rapidamente; permite variedade de assunto e atrai a atenção. Desvantagens: necessidade de bom equipamento e exigência de técnica apurada.

FOTOGRAFIA ESCANDALOSA — Cena registrada fotograficamente e cujo conteúdo fere os padrões morais de uma sociedade.

FOTOGRAMA — Retângulo ou quadro exposto de um filme.

FOTOLITO — Filme que apresenta o trabalho fotográfico pronto para a reprodução em chapa de zinco.

FOTOLITOGRAFIA — Processo de impressão que se utiliza de fotolito. — Folha ou estampa impressa por esse processo.

FOTOMONTAGEM — Composição de fotografias, cuja montagem dá efeito de uma unidade. — Efeito fotográfico conseguido mediante a justaposição de uma ou várias fotos sobre outra ou outras.

FOTOSTATO — Processo patenteado de fazer cópias fotográficas de desenhos, mapas, texto etc..

FREQÜÊNCIA — Presença efetiva nos trabalhos ou na escala. Repetição contínua de fatos. — Índice de repetição de um signo até que a mensagem seja percebida.

FUNÇÃO — Complexo de atribuições específicas ou deveres correspondentes a um cargo, emprego ou atividade.

FUNÇÃO ADMINISTRATIVA — Conjunto de atribuições exercidas pelo administrador, a saber: direção, organização, planejamento, coordenação e controle.

FUNÇÃO DE RELAÇÕES PÚBLICAS — Detectar, manter, modificar, ajustar ou criar atitudes e opiniões com a finalidade de formar públicos.

FUNÇÃO SOCIAL — Conjunto de atribuições exercidas pelas empresas a serviço de toda a coletividade.

FUNÇÕES BÁSICAS DE RELAÇÕES PÚBLICAS — Segundo a Comissão Interamericana para o Ensino de Relações Públicas (órgão da FIARP) são: assessoramento, pesquisa, planejamento, execução (comunicação) e avaliação.

FUNDAÇÃO — Instituição autônoma, criada por liberalidade privada ou pelo Estado, com personalidade jurídica e patrimônio próprio, com finalidade altruísta ou de interesse público.

FUNDAÇÃO CULTURAL — Entidade paraestatal destinada a realizar atividades de educação, ensino ou pesquisa necessárias à comunidade.

FUNDOS — Capital e outros valores constitutivos do ativo de uma sociedade. — Importância tirada dos lucros de uma sociedade para ser aplicada com fim determinado. — As empresas, em sua função social, podem prestar auxílio financeiro às escolas, mediante fundos destinados às instalações, equipamentos, pesquisas, bolsas de estudo, prêmios escolares, subvenções, edição de livros e de publicações de interesse educacional.

FURO — Notícia dada em primeira mão. — Medida tipográfica equivalente a dezoito milímetros.

G

GANCHO — Informação sacada de um texto, que pode gerar uma reportagem.

GATO — Erro tipográfico com a troca de palavra por outra.

GENERALIZAÇÃO — Ato ou operação mental, que reúne em um único conceito princípios e qualidades comuns a vários objetos individuais.

GERÊNCIA — Função de gerente; mandato de administração.

GERENTE — Encarregado permanente da administração de uma empresa ou de um dos seus departamentos. — Pessoa que organiza o trabalho e dirige a sua execução.

GERENTE DE RELAÇÕES PÚBLICAS — O mesmo que diretor de Relações Públicas.

GIRAFA — Haste comprida móvel, na qual é articulado um microfone.

GESTÃO — Período durante o qual a diretoria de uma empresa ou instituição exerce os atos administrativos.

GLOSSÁRIO — Vocabulário de termos técnicos, dispostos alfabeticamente, com sua versão particular em outra língua. — Vocabulário que figura como Apêndice a uma obra, principalmente para elucidação de palavras e expressões regionais ou pouco usadas.

GOVERNO — Sistema político ao qual compete dirigir os negócios do Estado.

GRAFEMA — Representação gráfica de um fonema. — Símbolo gráfico formado por traços distintivos que permitem o entendimento visual das palavras, assim como os fonemas permitem o entendimento auditivo.

GRÁFICO — Representação de qualquer tipo de relação funcional e hierárquica, através de linhas e pontos. — Aquele que trabalha em artes gráficas.

GRAMPEADORA — Máquina utilizada em oficina de encadernação destinada a prender com grampos livro, revista, opúsculo etc.

GRANEL — Ver *PAQUÊ*.

GRATIFICAÇÃO — Retribuição adicional que é paga a quem presta serviços extraordinários ou exerce determinado encargo.

GRAVADOR — Aparelho destinado à gravação ou regravação de impulsos sonoros.

GRAVURA — Imagem impressa, originariamente, sobre a madeira (xilogravura) ou pedra (litogravura), ou por meio de outros processos.

GRUPO — Reunião de pessoas ou conjunto de objetos. — Pequena associação.

GRUPO SOCIAL — Duas ou mais pessoas que não apenas estão interatuando, mas, também, formando unidade sólida, capaz de ação conjugada (Donald Pierson).

GRUPO DE CONTROLE — Grupo cujos membros são escolhidos por suas características ou opiniões; freqüentemente, um grupo não submetido a um teste é usado como referência para um outro grupo que realizou o teste, a fim de se compararem os resultados.

GRUPO DE PRESSÃO — Agregado social, que tem por objetivo forçar mudanças de atitude de outros grupos, em favor dos interesses que representam.

GRUPO DE REFERÊNCIA — Grupo cuja linha de ação ou de comportamento se adota como padrão.

GRUPO DE TESTE — Grupo selecionado para verificação de suas reações diante da utilização de um produto ou uma idéia.

GRUPO ESPONTÂNEO — Grupo social que não tem herança ou acúmulo de tradições para guiar sua atividade; não tem preconceito ou normas; não tem divisão de trabalho preestabelecida; não tem estrutura de posições sociais estabelecida; não tem chefia reconhecida; não tem consciência grupal. — A multidão, a massa e o público são exemplos de grupo espontâneo.

GRUPO PRIMÁRIO — Grupo (funcional, humano) caracterizado por motivos afetivos (como opostos aos meramente utilitários), pela presença direta ou o contato íntimo e (devido as limitações que estes contatos trazem consigo) de pequeno volume; foi chamado "primário" por Cooley porque, segundo ele, a família, a vizinhança e os grupos de jogo constituem os primeiros grupos em que (em nossa cultura) transcorre a socialização da criança, tendo todos eles as características mencionadas.

GRUPO SECUNDÁRIO — Grupo que pelo tipo de contato que implica e pelo grau de sua organização formal se distingue ou opõe ao grupo primário. O grupo secundário é de maior volume e organização do que o grupo primário. Os contatos que o constituem são indiretos, e para sua unidade e persistência confia mais que o grupo primário no fato de sua organização.

GUIA — Funcionário do Departamento de Relações Públicas, especialmente treinado para acompanhar e orientar os visitantes de uma empresa.
— Formulário para pagamento de impostos, taxas, contribuições etc.
— Caderno ou livreto que contém indicações úteis acerca de uma cidade ou região.

GUICHÊ — Portinhola aberta em uma grade onde se atende o público.
— Em Relações Públicas, não se aceita mais o emprego de guichês no atendimento ao público, substituídos por balcões sem grades.

GUILHOTINA — Máquina manual ou automática para cortar papel em quantidade.

H

HEMEROGRAFIA — Catálogos de publicações periódicas. — Cadernos de recortes de jornais e revistas.

HEMEROTECA — Seção das bibliotecas em que se colecionam jornais e revistas. — A imprensa é um veículo que reflete e expressa a opinião pública. É uma das razões da importância de o Departamento de Relações Públicas ter uma hemeroteca, para o serviço de pesquisas, de informações e de documentação, na avaliação, controle e elaboração de notícias.

HERMENEUTA — Intérprete do sentido da palavra. — Intérprete de textos sagrados.

HEURÍSTICA — Arte de resolver problemas. — Método de solução de problemas em grupo.

HIPÓTESE — Suposição admissional provisoriamente aceita e baseada em certas verificações.

HIPÓTESE DE TRABALHO — Ver *HEURÍSTICA*.

HPRS — Sigla da Hellenic Public Relations Society, fundada em 1951 e filiada ao CERP desde 1961.

HISTÓRIAS DA CIDADE NATAL — Histórias preparadas para os jornais locais, de indivíduos que estão participando num evento ou atividade.

HISTORICIDADE — Estado de expectativa de uma comunidade ante as causas que influíram na sua constituição e em determinado instante (Caio Amaral). — Perspectiva histórica.

HOLOGRAFIA — Técnica que se utiliza de hologramas.

HOLOGRAMA — Chapa fotográfica especial, que reproduz perfeitamente a realidade, fazendo-se a luz atravessar. — No holograma, a imagem não é visível diretamente, sendo necessário reconstituí-la em três dimensões por meio de um feixe de luz obtido de raio *laser*.

HOMEOSTASIA — Funcionamento harmônico e equilíbrio dinâmico do sistema, graças aos termostatos e controles que atuam como reguladores do mecanismo homeostático.

HONORÁRIOS — Remuneração paga a profissionais liberais. — Estipêndio pago por serviços prestados, de qualificação honrosa.

HORÁRIO NOBRE — Hora de transmissão, quando a audiência em potencial é maior.

HUMANISMO — Versão antiga da Antropologia. — Cultura baseada na concepção integral do homem (Cândido de Oliveira). Em Relações Públicas entende-se humanismo no sentido de maior respeito e dignidade no tratamento da instituição com os grupos ligados a ele.

I

ICRP — Sigla do Instituto Chileno de Relaciones Públicas, membro-fundador da Federação Interamericana de Associações de Relações Públicas, criado em 25 de novembro de 1959. Essa entidade promoveu a III Conferência Interamericana de Relações Públicas, em Santiago (1962).

IDÉIA — Representação de objeto existente na mente. — Aquilo que se apreende ou representa algo no espírito.

IDENTIFICAÇÃO VISUAL — Conjunto de elementos gráficos visuais padronizados como logomarca.

IDIOSSINCRASIA — Modo próprio de ver e reagir a pessoas, fatos e coisas.

ILUSTRAÇÃO — Desenho ou gravura que acompanha o texto de qualquer impresso.

IMAGEM — Impressão inconsciente que um indivíduo tem de uma organização, instituição ou pessoa. — Impressão suposta sobre uma companhia, tida em comum por um grupo de pessoas. — Informação que uma pessoa ou um grupo tem de uma empresa ou instituição. — Identidade visual de uma empresa ou instituição. — Reprodução mental de um objeto percebido por meio dos sentidos. — Reprodução de um objeto formado por uma lente ou objetiva.

IMPOSTO — Tributo que se exige das pessoas físicas ou jurídicas para custeio das despesas gerais da Administração Pública.

IMPRENSA — Conjunto de jornais e revistas. — Jornalismo gráfico.

IMPRENSA EM GERAL — Jornal, revista, rádio-jornal e telejornal.

IMPRESSÃO — Efeito produzido nos órgãos dos sentidos. — Processo de reprodução mediante pressão no papel, pano, couro e outros materiais.

IMPRESSÃO DE EDITORA — Nome e endereço do editor impressos no livreto, folheto, pôster ou matéria similar, geralmente em espaço separado para este propósito.

IMPRESSO — Folheto ou qualquer papel impresso. — Obra de tipografia.

INCISO — Subdivisão de artigo ou parágrafo; precedida de algarismo romano.

INDEX — Catálogo dos livros cuja leitura é proibida pela Igreja Católica.

INDEXAÇÃO — Preparo e elaboração de índices.

INDEXAÇÃO COORDENADA — Sistema de indexação no qual assuntos específicos são representados pela reunião de termos elementares (Fenelon Silva).

ÍNDICE — Lista de nomes ou assuntos arranjada sistematicamente.

INDONESIAN PUBLIC RELATIONS ASSOCIATION — Entidade que reúne os profissionais de Relações Públicas de Jacarta; foi fundada em 1973. — Ver *PERHUMAS*.

INDUÇÃO — Raciocínio que chega a uma conclusão genérica a partir de fatos particulares; ela se apresenta em termos progressivos de observação, verificação e generalização.

INFORMAÇÃO — Qualquer espécie de experiência que nos vem de fora pelos sentidos. As atitudes dependem das idéias e estas da informação. — O mesmo que imagem. — É a manifestação, por escrito, de um funcionário a respeito de certo fato ou pedido.

INFORMAÇÕES — Uma das funções específicas de Relações Públicas, na área de execução, que cuida do atendimento ao público na prestação de informações e no recebimento de sugestões e reclamações.

INFORMÁTICA — Ver *CIBERNÉTICA*.

INQUÉRITO — Ver *SINDICÂNCIA*.

INSERÇÃO — Ordem de autorização para publicação de um anúncio em jornais e revistas.

INSERTO — Em Relações Públicas, mensagem curta e objetiva inserida no envelope de pagamento.

INSTITUIÇÃO — Empresa, organização ou entidade.

INSTITUTE OF PUBLIC RELATIONS OF MALAYSIA — Agremiação fundada em Cuala-Lumpur por diplomados e profissionais de Relações Públicas.

ÍNTEGRA — Transcrição completa de um discurso, declaração ou documento numa publicação.

INTEGRAÇÃO — Ato de juntar-se a um grupo, tornando-se parte integrante dele. — Política que visa a integrar em um grupo minorias sociais, religiosas etc.

INTEGRAÇÃO SOCIAL — Ajustamento recíproco de pessoas e grupos destinado a manter o equilíbrio social.

INTERAÇÃO SOCIAL — Na formação do público e da opinião pública, a interação social apresenta-se, na reação dos indivíduos ante a controvérsia, conduzindo os debates em busca de uma decisão coletiva, o que, dando unidade aos integrantes do público, permite a ação conjugada. — Reação mútua de dois ou mais indivíduos em contacto (Donald Pierson). — A interação social baseia-se na intercomunicação, que se metodiza em força de diálogo.

INTERATIVIDADE — Capacidade de o telespectador interagir na programação de televisão, especialmente em jogos, vendas e operações financeiras.

INTERCALAÇÃO — Trabalho conjunto de dois arquivos, como o endereçamento de envelopes para mala direta.

INTERCÂMBIO — Relações culturais ou comerciais entre nações. — Troca de informações e idéias.

INTERCOM — Sigla da Sociedade Brasileira de Estudos Interdisciplinares da Comunicação, entidade criada em São Paulo, em 12 de dezembro de 1977, e que promove estudos e pesquisas sobre questões da comunicação brasileira e participa do debate nacional e internacional sobre tendências da pesquisa e da teoria da comunicação. O primeiro presidente foi José Marques de Melo.

INTERCOMUNICAÇÃO — Comunicação recíproca entre pessoas ou grupos, baseada em um sistema convencional de símbolos.

INTERESSE — Aquilo que importa, realmente, a uma pessoa por corresponder a uma tendência ou satisfação. — Pretensão que pode ser baseada em direito.

INTERESSE PÚBLICO — É o que a opinião pública afirma que é. — Para Stephen Bailey interesse público é a racionalização do esteio do tomador de decisão para a dor causada pela política, é o óleo sobre as águas conturbadas do descontentamento público. — Os legisladores utilizam o interesse público como mero instrumento na defesa de seus pontos de vista. — O interesse público é a finalidade última de Relações Públicas. — O mesmo que *interesse social*.

INTERESSE SOCIAL — Meta de Relações Públicas, o mesmo que *interesse público*. — É reflexo e expressão da opinião pública.

INTERFERÊNCIA — Aparecimento em um dos canais da mistura de duas mensagens pertencentes a duas comunicações distintas.

INTERNET — Rede mundial de computadores, criada para continuar funcionando, mesmo que as grandes centrais de computadores fossem destruídas durante uma guerra nuclear, impedindo o caos nas comunicações. Especialmente desenvolvida durante o período conhecido como Guerra Fria, reuniu grandes computadores ligados em rede e espalhados inicialmente por todo os EUA. Após o fim desse período, foram distribuídos por universidades e BBSs. O número de pessoas que passou a utilizar esse sistema tem aumentado enormemente, criando-se uma comunicação global. Serve, basicamente, para suprimir arquivos, pesquisar, jogar e conversar, pelo computador, entre muitas outras funções. Tem sido utilizada para venda de produtos e serviços e para a divulgação institucional de organizações em geral, constituindo-se em um veículo de comunicação massiva selecionado e controlado.

INTUIÇÃO — Conhecimento imediato de fenômenos pela sensibilidade. — Conhecimento de uma verdade evidente e que serve de base ao raciocínio.

INVENTÁRIO — Rol de mercadorias ou objetos com os valores estimados de cada um.

INTERTÍTULOS — Títulos curtos ou inseridos num texto.

INVESTIDORES — Portadores de ações, debêntures ou títulos. — Grupo que pode dar origem a um dos tipos de público misto.

INVESTIDORES INSTITUCIONAIS — Acionistas impessoais de blocos de fundos mútuos, companhias de seguro, bancos, universidades etc..

INVESTIGAÇÃO — Ato de efetuar diligência para descobrir as causas de um fato.

INVESTIMENTO — Aplicação de um capital em negócio público ou privado.

IPR — Sigla do Institute of Public Relations, da Grã-Bretanha, fundado em 1948 e filiado ao CERP desde 1966.

IPRA — Sigla da Associação Internacional de Relações Públicas (International Public Relations Association), entidade internacional constituída exclusivamente de pessoas físicas, fundada em 1º de maio de 1955, em Londres.

IRANIAN PUBLIC RELATIONS SOCIETY — Associação fundada em Teerã para reunir profissionais de Relações Públicas.

J

JANELA — Abertura feita em uma capa ou página para colocar uma fotografia, desenho ou título.

JOGO DE EMPRESA — Um tipo de reunião instrutiva, que procura reproduzir fielmente a situação em trabalho de sua empresa. — A finalidade dessa reunião é o treinamento de forma integrada em um estudo global da empresa.

JOGO DIVIDIDO — Tratamento de um evento noticioso, no qual um lado de uma questão é apresentado de forma enfática em primeiro lugar, e o outro lado só é apresentado mais tarde. Freqüentemente é o resultado do segundo grupo estar despreparado ou atrasado para emitir informação.

JORNADA — Reunião informativa que se realiza em vários dias de trabalho. — Ver *SEMINÁRIO*.

JORNAL — Periódico onde se noticiam, ilustram e comentam os últimos acontecimentos. — Como veículo de divulgação em Relações Públicas, o jornal apresenta as seguintes vantagens: é de custo reduzido, aborda vários assuntos e é, em conseqüência, lido por maior número de pessoas do que outro tipo de periódico. Por sua vez, tem as seguintes desvantagens: é lido apressadamente e não é conservado. — Veículo de comunicação massiva.

JORNAL DE EMPRESA — Periódico que se dedica, principalmente, a publicar notícias, ilustrações e comentários da própria empresa. Ver *PERIÓDICO*.

JORNALISMO — É a transmissão de informação, de um ponto a outro, com exatidão, penetração e rapidez, em uma forma que sirva à verdade e torne aquilo que é certo evidente aos poucos, quando não imediatamente (Erich Hodgins). — O jornalismo existe em diversas formas, em razão do veículo utilizado na difusão de notícias. Há jornalismo impresso, radiojornalismo, telejornalismo e cinejornalismo.

JUÍZO — Faculdade do entendimento que compara e julga.

JURISDIÇÃO — Poder que tem a administração de conhecer e resolver os negócios que lhe estão afetos dentro do território onde exerce sua autoridade. — Poder legal de julgar e aplicar as leis de cada órgão do Poder Judiciário.

L

LABORATÓRIO — Lugar destinado à aplicação dos conhecimentos científicos e técnicos com finalidade experimental ou prática. — Local de treinamento profissional.

LACUNA — Intervalo entre as palavras escritas em uma linha.

LAUDA — Folha de papel com dimensões padronizadas, utilizada nas redações de jornais e revistas para escrever os originais.

LAUDO — Parecer escrito por peritos, depois de relatarem os exames a que procederam e as conclusões a que chegaram. Opinião ou parecer de perito.

LEI — Direito objetivamente considerado. — Norma de direito tornada obrigatória, após aprovação do Legislativo e sancionada pelo Executivo.

LEI Nº 5.377 — A Lei nº 5.377, de 11 de dezembro de 1967, disciplinou a profissão de Relações Públicas, em todo o território nacional. Essa lei foi regulamentada pelo Decreto nº 63.283, de 26 de setembro de 1968.

LEGENDA — Matéria descritiva acompanhando uma ilustração. Também conhecida como *cut line*. — Texto que vai ao pé de um gráfico, fotografia ou filme.

LEGISLAÇÃO DA PROFISSÃO DE RELAÇÕES PÚBLICAS — Lei nº 5.377, de 11 de dezembro de 1967. — Decreto nº 63.283, de 26 de setembro de 1968. — Decreto-Lei nº 860, de 11 de setembro de 1969. — Decreto nº 68.582, de 4 de maio de 1971.

LEIAUTE — (ingl. *Lay-out*) Esboço para apresentação de material para publicação ou reprodução dentro dos limites do formato designado previamente. — Disposição física de uma determinada área.

LEITOR — O sujeito da informação inserida em um livro ou periódico.

LENTE — Dispositivo óptico de vidro para mudar a direção de feixes de luz que passam através dele, segundo uma forma determinada.

LENTE DE AUMENTO — Ver *LUPA*.

LETRISTA — Ilustrador especializado no desenho de letras.

LEVANTAMENTO — Inquérito das atitudes, opiniões e/ou desejos de um grupo específico de pessoas.

LEVANTAMENTO DE PESSOAL — Inventário sistemático das disponibilidades humanas de uma empresa.

LIBERAÇÃO DE NOTÍCIA — Texto que se envia aos periódicos, para publicação na data indicada. O mesmo que notícia com embargo.

LICITAÇÃO — Ver *CONCORRÊNCIA PÚBLICA*.

LIDE — Primeiro parágrafo de qualquer texto. — Período de matéria jornalística.

LÍDER — Aquele que conduz ou que se distingue em um grupo — Sociologicamente, o líder pode ser chamado de democrático ou autoritário — que induz ou fixa normas de conduta. É quem dirige, o que regula uma conduta (social, econômica, política etc.).

LÍDER DE OPINIÃO — Ver LÍDER.

LIDERANÇA — Forma de ação exercida por pessoa, que possua prestígio e autoridade. — Função de LÍDER.

LINGUAGEM — Sistema de sinais pelo quais exprimimos nossas necessidades, emoções, desejos e pensamentos, designamos ou damos nome às coisas e nos comunicamos com os demais homens que vivem em nosso grupo social (Theobaldo Miranda Santos).

LIMITE DE CONSCIÊNCIA — O ponto no qual um certo indivíduo sai fora da massa indistinta de indivíduos, para se tornar um indivíduo consciente.

LITERATURA DA EMPRESA — Conjunto de trabalhos escritos e publicações de uma empresa, tais como: livretos, opúsculos, periódicos, catálogos e manuais.

LITOGRAFIA — Arte de reproduzir pela impressão os desenhos traçados com uma tinta gordurosa numa pedra calcárea especial, chamada pedra litográfica.

LIVRETO — Peça impressa de seis ou mais páginas, com uma capa de papel e preparado como uma unidade.

LIVRO — Coleção de cadernos impressos colados ou costurados ordenadamente. — Obra literária de certa extensão. — Publicação não periódica com o número mínimo de 48 páginas, segundo a UNESCO.

LIVRO DE ATAS — Livro onde são lavradas as atas quando manuscritas. — As atas podem ser datilografadas e depois devidamente encadernadas.

LIVRO DE EMPRESA — Segundo Cleuza G. Gimenes Cesca, Livro de Empresa tem quatro formas diferentes quanto ao conteúdo: autobiografia da empresa; arte popular da empresa; coletânea de textos de escritores consagrados e o perfil institucional da empresa.

LIVRO DE ESTILO — Manual que dita normas para a elaboração de uma obra, isto é, soletrar, abreviações, maiúsculas, usos de palavras etc.

LIVRO EM QUADRINHOS — Livreto ou revista que usa a técnica de quadrinhos para comunicar algo.

LOBISTA — Designação de pessoa que se utiliza de manobras para conseguir dos parlamentares ou funcionários públicos o seu apoio e proteção para os interesses próprios ou de terceiros.

LOGOMARCA — Qualquer tipo de representação gráfica distintiva e padronizada utilizada como marca.

LOGOTIPO — Símbolo que identifica uma empresa, instituição ou produto, mediante um desenho característico.

LUPA — Lente convergente de curto foco, que serve para melhorar a visão de objetos pequenos. — O mesmo que lente de aumento.

M

MAIÊUTICA — Método socrático, que procura levar o interlocutor a descobrir a verdade por meio de perguntas concatenadas. — É um método aplicável em Relações Públicas.

MAIORIA — Número mínimo de votos a favor de uma proposta para que ela seja considerada aprovada.

MAIORIA ABSOLUTA — Número mínimo igual pelo menos à metade mais um dos votos totais do grupo, inclusive nulos e brancos.

MAIORIA RELATIVA — Número mínimo de votos igual pelo menos à metade mais um dos presentes.

MAISON DE VERRE — A "casa de vidro" é a denominação do sistema francês de visitas. — É também o nome de uma revista especializada em Relações Públicas editada em Paris.

MALA DIRETA — Mensagem enviada pela mala postal a uma lista selecionada de endereços. — Veículos de comunicação dirigida escrita com boa utilização em Relações Públicas.

MANCHETE — Título em tipos grandes, geralmente colocado nas primeiras e últimas páginas de um jornal.

MANDO — Exercício normal de autoridade baseado essencialmente na opinião pública.

MANIFESTO — Declaração pública das razões que justificam certas atitudes. — Exposição pública de programa político.

MANIPULAÇÃO — Introdução de elementos na comunicação, com o propósito de influir sobre a audiência, no sentido de encaminhá-la a conclusões pré-fabricadas.

MANUAL — Compilação de diretrizes e instrução na forma de livro ou livreto. — Veículo de comunicação dirigida escrita.

MANUAL DO EMPREGADO — Destinado ao público interno. Deve ser simples no seu formato e conteúdo, escrito em linguagem sucinta, apresentando de modo claro e inteligente as principais informações de interesse do empregado.

MANUAL DE ORGANIZAÇÃO — Compilação de diretrizes e informações destinada a gerentes e supervisores, contendo os princípios, objetivos, organogramas e descrição de cargos da empresa.

MAPA — Desenho representativo de grandes regiões. — Carta geográfica.

MAQUETE — Modelo em escala usado para estudo, teste ou instrução. — Reprodução em escala de um edifício, lugar, cenário, vitrine ou *stand*.

MARGINALIZAÇÃO — Situação em que indivíduos ou grupos não estão integrados à comunidade e, assim, não gozam dos benefícios comuns e não intervêm nas decisões comunitárias.

MARKETING — Conjunto de operações que envolvem a vida do produto, desde a planificação de sua produção até o momento em que é adquirido pelo consumidor. — É o conjunto de atividades humanas que tem por objetivo facilitar e conservar relações de troca (Philip Kotler).

MASSA — Agrupamento de pessoas sem contigüidade espacial; é composta de indivíduos anônimos, que participam de um mesmo comportamento coletivo, porém sem apresentar organização e unidade, e que convergem para um acontecimento importante, à base principalmente de considerações emocionais. — Também denominada coletividade difusa ou público abstrato.

MATÉRIA — Designação geral para o conjunto de notícias e comentários publicados.

MATRIZ — Estabelecimento principal de uma empresa. — Molde metálico para fundição de tipos.

MEDALHA EDUARDO PINHEIRO LOBO — Medalha instituída pelo Conselho Nacional da ABRP para laurear, no Brasil, os que mais se destacam no campo das Relações Públicas.

MEDIDA PROVISÓRIA — Ver artigo 62 e seus parágrafos da atual Constituição Brasileira.

MEIOS DE COMUNICAÇÃO — Canais de comunicação por meio dos quais se transmitem mensagens: o rádio, a imprensa, o cinema, a televisão etc.

MEMENTO — Opúsculo onde estão resumidas as partes essenciais de uma questão.

MEMORANDO — Meio de correspondência entre diretores, chefes, gerentes e encarregados ou autoridades de equivalente categoria.

MEMÓRIA — Dissertação sobre assunto científico, literário ou artístico destinado a ser apresentado a uma entidade pública ou privada. — Qualquer *hardware* que um computador utiliza para armazenar dados e informações (Magda Kern).

MEMORIAL — Caderneta onde se escreve apontamentos das coisas que precisamos lembrar. — Petição escrita que resume as conclusões ou argumentos de um processo ou problema. — Diz-se também de monumentos comemorativos.

MENSAGEM — Grupo de palavras, variáveis em extensão e transportadas como uma unidade.

MESA — Pessoas encarregadas da direção dos trabalhos de uma assembléia, normalmente presidente e secretário.

MESA-REDONDA — Delineamento de opiniões sobre um mesmo tema por parte de duas ou mais pessoas coordenadas por um moderador. — Uma das formas de reunião questionadora, na qual os componentes de grupos, previamente escolhidos, debatem seus pontos de vista. Geralmente, a mesa-redonda tem um moderador que orienta e disciplina a reunião. Admite-se a participação da assistência, por meio de perguntas que possam ser feitas aos integrantes da mesa.

MESA-REDONDA ABERTA — Ao concluir as exposições principais, em uma mesa-redonda, o moderador permite que outras pessoas, dentre o público assistente, opinem.

MESA-REDONDA FECHADA — Não se permite a intervenção de pessoas na mesa-redonda, exceto os expositores convidados.

MÉTODO — Conjunto de meios dispostos convenientemente para alcançar determinado resultado. — Processo de aplicação sistemática de ciências e técnicas.

METODOLOGIA — Modo eficaz de alcançar determinado objetivo. Estudo dos métodos. — Direção do espírito na investigação da verdade.

MICROFILME — Filme utilizado para cópias fotográficas em escala diminuta — Cópia de filme em escala reduzida.

MILLING — Na formação da multidão, quando os membros, excitados pelo evento que lhes chamou a atenção, começam a perder o controle individual, a tensão que os une provoca o aparecimento do processo *milling*. Este é simples movimento a esmo, sem direção determinada, de pessoas, em presença umas das outras, tornando-as mais sensíveis e assim, cada vez mais preocupadas umas com as outras e menos sensíveis aos estímulos alheios ao grupo. A excitação é transferida para os demais e, à medida que o movimento cresce, a sensação original de desconforto, de incerteza, de mal-estar de cada indivíduo reflete-se em todo o grupo. O mesmo que *Reação Circular.*

MIMEOGRAFIA — Processo mecânico patenteado para reproduzir material manuscrito ou datilografado, utilizando-se de estêncil de cera, em uma máquina operada rotativamente. Funciona até para 2.000 cópias de cada estêncil.

MINORIA — A parte menos numerosa de uma corporação que tem posição contrária de maior número. — Inferioridade numérica.

MINUTA — Rascunho de qualquer ato que deverá ser revisto antes de ser tornado definitivo. — Primeira redação de qualquer escrito oficial.

MIOLO — Parte interna de um livro, opúsculo, revista ou jornal. — Folhas de uma publicação sem a capa.

MISSÃO ORGANIZACIONAL — Proposta para a qual, ou a razão pela qual, uma organização existe. Em geral, a missão organizacional de uma empresa contém informações tais como os tipos de produtos ou serviços que a organização produz, quem são seus clientes e que valores importantes possui. Para desenvolver uma missão organizacional de forma apropriada, a administração deverá analisar e considerar as informações geradas durante o processo de análise do ambiente (Samuel Certo e J. Paul Peter). — Cabe às Relações Públicas assessorar os administradores da organização para uma melhor definição da missão organizacional, pois o seu conteúdo afeta os públicos interno, externo e misto, e especialmente os seus consumidores.

MITO — Imagem simplificada de pessoas ou acontecimentos aceita por grupos humanos. — Coisa inacreditável resultante da fantasia.

MIXAGEM — Misturar, em uma só faixa sonora, os sons de várias faixas de diálogos, música e ruídos.

MOB — Tipo de multidão; é um agrupamento espontâneo que age súbita e agressivamente para realizar um objetivo comum repentinamente definido, descarregando assim tensões não mais suportáveis. É também chamada turba, multidão ativa ou agressiva.

MOBILIDADE SOCIAL — Mudanças de pessoas de um grupo social a outro. (Não tem nada a ver com o deslocamento físico, somente com o *status*.) — Movimento dentro ou fora do estrato social respectivo; vertical é quando se passa de um nível a outro, ascendente ou descendente; é horizontal, quando se desloca no mesmo nível do estrato.

MOÇÃO — Proposta apresentada em uma assembléia ou congresso para o estudo de uma questão ou relativa a qualquer incidente.

MODELO — Pessoa empregada para posar em fotografias, exposições de moda ou outras atividades. — Representação de algo grande, em tamanho menor, de maneira a fornecer um modo mais barato de visualizá-lo. Um modelo de um novo prédio, por exemplo, pode ser mostrado em um corredor de uma companhia ou usado em fotografia para dar uma idéia da aparência da construção, por exemplo.

MODERADOR — Pessoa encarregada de apresentar o tema e os expositores e de coordenar a atuação destes em uma mesa-redonda ou painel.

MONITOR — Receptor de televisão usado para controlar a apresentação de um programa. — Cinescópio de controle. — Aluno auxiliar do professor.

MONOGRAFIA — Dissertação aprofundada de um tema particular de uma ciência.

MONOPÓLIO — Privilégio que uma pessoa, sociedade ou governo tem para vender, com exclusividade, certas mercadorias ou explorar determinadas indústrias ou serviços. — Açambarcamento de mercadorias para serem vendidas por alto preço.

"MORES" — São aqueles costumes considerados, pelos membros do grupo, absolutamente essenciais, invioláveis, indiscutíveis e são assim mantidos com firmeza inabalável.

MOTIVAÇÃO — Estímulo à eficiência do trabalho na empresa mediante incentivos materiais ou psicológicos que atendam às necessidades dos empregados. Conjunto de meios, através dos quais a administração cria e mantém nos seus subordinados o desejo de alcançarem os objetivos estabelecidos (Uirpy Benício).

MUDANÇA SOCIAL — Variação ou modificações em qualquer aspecto dos processos, pautas ou formas sociais. — Expressão ampla que serve para designar o resultado de qualquer variedade do movimento social. — A mudança social pode ser progressiva ou regressiva, permanente ou temporal, planejada ou sem planejar, em uma ou múltiplas direções, benéfica ou prejudicial.

MULTIDÃO — Grupo espontâneo de indivíduos, unidos por laços de contigüidade física; age baseada em impulsos, sendo inconstante, sugestionável e irresponsável. A formação de uma multidão pressupõe, inicialmente, a ocorrência de algum acontecimento emocionante que atraiu a atenção de várias pessoas. Existem estes tipos de multidão: eventual (casual ou ocasional); dançante (rítmica ou expressiva); convencional (convencionalizada); ativa (agressiva, turba ou "mob").

MULTIDÃO DE PRESENÇA — Ver *MULTIDÃO*.

MULTIDÃO DISPERSA — Ver *MASSA*.

"MULTIGRAFH" — Processo patenteado para fazer numerosas cópias de material manuscrito ou datilografado. Aparenta mais ser datilografado do que o obtido pelo mimeógrafo.

"MULTILITH" — Processo para reproduzir um grande número de cópias de material datilografado.

MULTIMÍDIA — Conjunto de ações de recursos audiovisuais que podem ser utilizados separadamente ou combinados. — Programas de computadores possibilitam fazer qualquer tipo de combinação em multimídia, empregando sons, imagens, fotos, textos, voz, de várias fontes, e ao mesmo tempo.

MURAL — Quadro feito de papel, cartolina ou tecido e afixado em paredes, para uso temporário.

MUSEU — Local reservado não só ao estudo e preservação de peças em geral, mas também à exposição destas para educação e satisfação das pessoas.

N

NAPRA — Sigla da Associação de Relações Públicas das Antilhas Holandesas. Essa entidade, que foi fundada em 31 de agosto de 1961, na Ilha de Curaçao, e filiada à CONFIARP foi a promotora da XII Conferência Interamericana de Relações Públicas.

NEGRITO — Letras de traçado mais grosso do que as de tipo comum, geralmente na cor preta.

NEPOTISMO — Prática de favorecer parentes próximos, facilitando-lhes a ascensão social, independentemente de suas aptidões (Emílio Willems).

NGPR — Sigla da Nederlands Genaotschas voor Public Relations (Sociedade Holandesa de Relações Públicas) fundada em 1946. Foi uma das fundadoras do CERP. — Organizou o X Congresso Mundial de Relações Públicas.

NÍVEL DE VIDA — Consumo efetivo de um grupo de pessoas expressado por meio das quantidades e qualidades de bens e serviços consumidos por unidade de tempo, em geral por um ano. — Também conhecido por "*standard* de vida".

NÍVEL SOCIAL — Camada social determinada pela diferença de classes.

NOMEAÇÃO — Ato formal pelo qual o Poder Público competente designa para determinado cargo pessoa estranha aos seus quadros.

NORMAS — Conjunto de princípios consubstanciados em portaria ou estatuto sobre assuntos administrativos. — Enunciado de princípios e metas que obrigam a Administração a determinado curso de ação para alcançar objetivos especificados.

NORMÓGRAFO — Instrumento de desenho formado de lâminas de celulóide, com alfabetos vazados ou recortados que servem de moldes no traçado de legendas e letreiros.

NOTA — Observação concisa, em corpo menor, a trechos de livros, geralmente colocada ao pé da página. — Apontamento para fazer lembrar alguma coisa. — Notícia breve de pouca importância.

NOTÍCIA — Informação divulgada, geralmente, pelos veículos de comunicação de massa.

NOTÍCIA COM EMBARGO — Texto que o Departamento de Relações Públicas envia aos jornais, para publicação na data indicada. Ver também *LIBERAÇÃO DE NOTÍCIAS*.

NOTICIÁRIO — Conjunto de notícias colhido pela reportagem, correspondentes a agências noticiosas.

NÚMERO — Presença mínima de associados ou diretores em Assembléias ou Reuniões, que permite reunir e deliberar. — Quorum-Regimental.

O

OBJETIVA — Lente ou sistema de lentes de uma câmera fotográfica ou de televisão.

OBJETIVO — Alvo ou fim que se quer atingir. — Meta para a qual se dirige a atividade.

OBJETIVO COMUM — Alvo compartilhado, de modo consciente ou não, por indivíduos na multidão ou massa.

OBJETIVO DE RELAÇÕES PÚBLICAS — Identificação do interesse privado com o interesse público.

OBJETO — Tudo o que se oferece aos nossos sentidos — O propósito de qualquer atividade.

OBRA — Trabalho literário, científico ou artístico. — Trabalho manual. — Edifício em construção.

OBSTRUÇÃO — Meios regimentais usados por associados ou parlamentares, em assembléia ou reunião ordinária, para atrasar ou impedir a deliberação de uma proposta.

OFERTA — Mercadoria anunciada com preço baixo.

OFERTA CAUTELOSA — Oferta para comprar um número designado de ações de uma companhia por preço específico, em dia certo. Isto não é feito freqüentemente, e tem como intenção adquirir um número suficiente de ações para controlar a organização.

OFSETE — (ingl. *off-set*) Técnica de impressão litográfica indireta, por processo fotoquímico, em uma chapa de zinco ou alumínio.

OFÍCIO — Comunicação escrita, em forma de carta, dos órgãos públicos. — Meio de comunicação escrita, que tem por objeto os negócios públicos. — Profissão, cargo público civil ou militar.

OMBUDSMAN — Palavra sueca que significa defensor do povo ou representante supremo do rei. — Surgiu na Suécia em 1713.

OPINIÃO — Ponto de vista de uma pessoa sobre um assunto ou problema quando ela o articula. — Juízo considerado como verdadeiro, a que se tem chegado, em certa medida, por processos intelectuais, ainda que não de modo necessário com a prova requerida para tomá-lo como evidente.

OPINIÃO DO PÚBLICO — Juízo coletivo expresso por um público. Área de entendimento comum dos integrantes do público.

OPINIÃO PÚBLICA — A opinião pública se forma no calor da discussão dos componentes do público e corresponde a uma situação em que se apresentam diferentes e contrárias atitudes sociais acerca de uma questão que interessa, de alguma maneira, à comunidade. Suas características são: não é necessariamente opinião unânime; não é necessariamente a opinião da maioria; muitas vezes é diferente da opinião de qualquer elemento no público; é uma opinião composta, formada de diversas opiniões existentes no público; está em contínuo processo de formação e em direção a um consenso completo, sem nunca alcançá-lo. — Conjunto de idéias e juízos, relativos a determinado problema ou personalidade, aceito por um público, mediante livre troca de pontos de vista. — Atitude verbalizada de uma porção importante de uma população com respeito a uma determinada proposição que se apóia em um mínimo de provas reais. Supõe certo grau de reflexão, análise e racionalização. — Conjunto de opiniões individuais emanentes de um grupo humano, majoritário, cuja atenção se concentra em um sujeito, objetivo, preferência ou aversão comuns. — Disposição de ânimo de um povo, ou ao menos de uma parte considerável deste. — A opinião pública não é mais que a harmonia entre as opiniões individuais.

OPÚSCULO — Pequeno livro; obra literária ou científica de porte reduzido.

ORADOR — Aquele que discursa em público. O que está regularmente com a palavra.

ORADOR PRINCIPAL — Expositor principal de um painel.

ORATÓRIA — Arte de falar em público.

ORÇAMENTO — Peça em que se calcula a receita e se fixa a despesa para determinado exercício financeiro. — Previsão de receita e a fixação de despesa para determinado exercício financeiro (Márlo Mazagão).

ORDEM DE SERVIÇO — Documento que traduz ordem ou determinação de uma autoridade administrativa aos seus subordinados.

ORDEM DO DIA — Relação de assuntos que em uma assembléia ou plenário deve ser debatida e votada.

ORGANIZAÇÃO — Função administrativa que cuida da determinação das atividades necessárias ao cumprimento dos objetivos da empresa, o arranjo dessas atividades e as relações de autoridade.

ORGANIZAÇÃO INFORMAL — Complexo de relações existentes entre pessoas de uma empresa, criando e mantendo um conjunto de interesses que pode distorcer a estrutura formal da organização.

ORGANOGRAMA — Gráfico que visualiza a estrutura e a hierarquia da organização. O manual o complementa assinalando as funções e graus de responsabilidade respectivos. — Gráfico representativo da estrutura de determinado órgão e das relações de autoridade nele existentes.

ORGANOGRAMA DA DIRETORIA — Diagrama que ilustra as linhas de responsabilidade e autoridade dentro de uma organização.

ÓRGÃO — Cada uma das partes da estrutura administrativa de uma organização que exerce uma função especial.

ORIENTAÇÃO FECHA-BOCA — Período dos primórdios das Relações Públicas, por volta da segunda década deste século, quando eram oferecidos magníficos empregos aos jornalistas, para que não atacassem as empresas e ao mesmo tempo as defendessem. Foi nesse período que floresceram os primeiros escritórios de Relações Públicas nos Estados Unidos.

ORIENTAÇÃO SANEADORA — Após o período da "orientação fecha-boca", surge a fase chamada "orientação saneadora". Teve sua origem no mandato presidencial de W. Wilson, nos Estados Unidos, quando foi criado o United Public Information Office; porém só começou realmente durante a Segunda Grande Guerra. Na depressão econômica, depois de 1929, as grandes empresas procuravam salvar-se mediante o emprego e Relações Públicas. Durante a guerra, as dificuldades naturais provocadas pelo conflito mundial obrigaram não só as empresas, como o próprio governo, a prestar esclarecimentos à opinião pública.

ORIGINAL — Texto entregue à composição para publicação em jornais e revistas.

OUVINTE — Pessoa que assiste a um discurso, palestra ou programa de rádio.

OUVIR — Perceber pelo sentido do ouvido. — Em Relações Públicas significa empregar todos os esforços para obter os fatos e determinar as atitudes e opiniões dos públicos de uma empresa ou instituição.

OUVIR O OUTRO LADO — Entrevistar a outra parte envolvida em uma denúncia.

P

PADRÃO — Elemento comparativo previamente definido, utilizado no controle de uma atividade.

PADRÃO DE COMPORTAMENTO — Maneira de agir repetitiva em face de um certo objeto ou dada situação.

PADRINHO — O funcionário novo de uma empresa não pode ser "largado" em suas atividades, em uma situação completamente estranha para ele. É preciso introduzi-lo na organização, de modo que se ambiente o mais depressa possível. O sistema mais usado nos Estados Unidos, para essa introdução, é o de padrinho. Um funcionário antigo é escolhido para acompanhar o "calouro" durante todo o primeiro dia de trabalho.

PÁGINA — Cada uma das faces da folha impressa em que se faz a impressão.

PAI DAS RELAÇÕES PÚBLICAS — O jornalista Ivy Lee é assim conhecido pois foi ele quem conseguiu chamar a atenção dos empresários de negócios para a eficácia das Relações Públicas na solução de problemas fundamentais para as grandes empresas. Ao resolver, satisfatoriamente, uma grave crise numa das fábricas de Rockefeller, deu origem a uma nova maneira de os magnatas encararem a opinião pública e tratarem de seus empregados, humanizando-se os negócios. O escritório de Relações Públicas de Lee foi aberto em 1916. — O engenheiro Eduardo Pinheiro Lobo pode ser considerado o "pai das Relações Públicas" no Brasil, por ter sido (1914-1935) o chefe do primeiro departamento de Relações Públicas criado no Brasil, na antiga Light and Power.

PAICA — Designação do tipo usado em máquina de escrever, maior do que a tipo elite. — Medida tipográfica equivalente a doze pontos do sistema Didot (aproximadamente 4.512 mm).

PAINEL — Um dos tipos de reunião questionadora, compreendendo o simpósio e a mesa-redonda aberta. — Cartaz Grande, geralmente colocado à margem das vias de comunicação.

PAINEL TÉCNICO — Igual ao painel, somente que na mesa-redonda o debate se faz por meio de grupos e não individualmente.

"PAINELISTA" — Expositor convidado a um painel.

PALAVRA — Em reuniões, assembléias, designa permissão regimental para falar em uma assembléia.

PALESTRA — Conversa com um grupo relativamente pequeno, sobre assunto predeterminado e de natureza educativa; e quase não há objeção, pois o grupo já está anteriormente preparado, e, portanto, pré-aceitando o assunto. — Um dos tipos de reunião informativa.

PAN PACIFIC PUBLIC RELATIONS FEDERATION — Entidade fundada em 1º de julho de 1958, que reunia sete associações e cinqüenta e quatro profissionais de Relações Públicas na zona do Oceano Pacífico.

PANFLETO — Peça impressa de algumas páginas, com uma capa de papel. Freqüentemente confundido com folheto, porém o panfleto pode conter mais páginas do que o folheto permite.

PANTÓGRAFO — Aparelho para reproduzir, mecanicamente, desenhos ou diagramas, na mesma ou em outra dimensão.

PAPEL — Função ou conduta de um indivíduo dentro de um grupo — A menor unidade cultural de conduta social.

PAPEL-CARBONO — Papel que desprende tinta, utilizado para obter cópias.

PAPEL DE POSIÇÃO — Documento que apresenta uma exposição ordenada da posição de uma organização em um dado assunto. Pode ser usado com os veículos de comunicação, com entidades do governo ou de outras maneiras.

PAPEL-JORNAL — Papel variando no seu conteúdo de papel sulfite em pequeno grau a 100% de trapo, usado geralmente como papel de escritório.

PAPELETA — Pequeno retângulo de papel que serve para aviso ou para identificar pessoas.

PAQUÊ — Conjunto de linhas de composição manual ou mecânica ainda não paginada e que se amarra com cordão ou fio. — Também chamado granel.

PARÁGRAFO — Subdivisão de artigo, que contém complemento ou exceção.

PARCERIA — União de diferentes pessoas para realizar uma finalidade de interesse comum. — Dupla de compositores de música popular. —

Em Relações Públicas prefere-se o termo participação visando a harmonia entre o interesse público e o interesse privado.

PARECER — Opinião de técnico, escrita ou oral, relativamente a um assunto a cujo respeito é consultado. — Trabalho opinativo de uma comissão sobre determinada matéria.

PARTE — Comissão ou queixa, verbal ou escrita, feita à autoridade competente.

PARTICIPAÇÃO — Ato de compartilhar da interação social. — Processo de se associar a outrem pelo pensamento, pelo sentimento ou pela ação (Theobaldo Miranda Santos). — Comunhão de idéias, interesses ou sentimentos. — A participação pode ser espontânea ou programada, esta é tarefa de Relações Públicas.

PAUTA — Agenda dos principais assuntos para a cobertura jornalística diária. — Relação de assuntos para uma reunião.

PECÚLIO — Poupança acumulada por uma pessoa, resultante de seu trabalho ou economia.

PENSÃO — Renda temporária ou vitalícia que o Estado ou um particular se obriga a pagar a alguém, por serviços prestados ou por liberalidade.

PERCEPÇÃO — Sensação integrada no conjunto da experiência (Carlos Lopes de Mattos). — Conjunto de processos pelos quais o indivíduo mantém contato com o ambiente (R.H. Dayo).

PERFIL — Texto extenso em que o jornalista traça o retrato amplo, abrangente de uma personalidade.

PERHUMAS — Sigla da "Public Relations Association of Indonesia, com sede em Jacarta, editora do boletim *Perhumas Bulletin.*

PERÍCIA — Verificação feita por profissional habilitado para constatação minuciosa dos fatos de caráter técnico-científico e apuração das prováveis causas que deram origem às questões.

PERIFÉRICO — Dispositivo usado no computador para transferência de informações, como a tela de vídeo, um acionador de disco, o teclado, uma impressora.

PERIÓDICO — Designativo de publicação que é editada em tempos determinados, tais como: diário, semanal, quinzenal, mensal, semestral e anual.

PERIÓDICO DE EMPRESA — Publicação periódica, em forma de boletim, jornal ou revista, com fatos relacionados com a vida de uma empresa.

PERITO — Aquele que é designado por uma autoridade para fazer exame ou vistoria de pessoas ou coisas e emitir parecer a respeito, mediante um laudo.

PERSONALIDADE — Caráter essencial e exclusivo do ser que é uma pessoa. — Em Relações Públicas chama-se indivíduo de caráter firme ou dotado de originalidade ou importância pública.

PERSUASÃO — Emprego de argumentos verdadeiros ou falsos com o propósito de conseguir que outros indivíduos adotem certas crenças, teorias ou linhas de conduta.

PERTURBAÇÃO — Em comunicação, a diferença entre a estrutura da mensagem transmitida e a mensagem recebida.

PESQUISA — Uma análise de um mercado ou de opinião entre pessoas, grupos ou instituições. — Técnica usada para determinar ou apreciar o comportamento do público. — Método para avaliar o valor e a extensão de certos acontecimentos e identificar os seus fatores determinantes.

PESQUISA BIBLIOGRÁFICA — Pesquisa sistemática e exaustiva de livros e periódicos, à procura de todas as informações publicadas relativas a um problema específico.

PESQUISA DE ADMINISTRAÇÃO — Compilação de dados resultantes de atos administrativos ou opiniões de diretores e funcionários, bem assim a sua interpretação e apresentação inteligentes, de modo a permitir o levantamento de área ou áreas na empresa que se encontram em dificuldades. — A terceira fase do Processo de Relações Públicas (Levantamento das Condições Internas) é um exemplo de pesquisa de administração. É conhecida também pela denominação de pesquisa institucional.

PESQUISA DE OPINIÃO — Também chamada inquérito por amostragem e entrevista, tem os seguintes objetivos: a) saber em que extensão está o público informado; b) saber como pensa e reage o público ante decisões; c) saber prever qual será a atitude do público em relação a certas ações que estão sendo planejadas; d) saber o que o público está pensando e fazendo; e) saber o que o público está planejando fazer no futuro, ou seja, prever as futuras reações e atitudes do público; f) saber quais são as necessidades do público e que medidas devem ser adotadas pela instituição a fim de satisfazer essas necessidades. — As segunda e sexta fases do Processo de Relações Públicas constituem exemplos de pesquisa de opinião.

PESQUISA INSTITUCIONAL — Ver *PESQUISA DE ADMINISTRAÇÃO.*

PESSOA FÍSICA — O ser humano considerado como sujeito de direito e de obrigações.

PESSOA JURÍDICA — Agrupamento de homens que, reunidos para um fim cuja realização procuram, mostram ter vida própria, distinta dos indivíduos que compõem e necessitando, para a segurança dessa vida, de uma proteção particular do direito (D' Aguano) — Instituição juridicamente constituída.

PESSOA NATURAL — Ver *PESSOA FÍSICA*.

PESSOAL — A totalidade das pessoas, em todos os níveis, empregadas em qualquer tipo de empresa ou instituição.

PETIÇÃO — Pedido por escrito dirigido a uma autoridade pública. — Instrumento próprio para solicitação.

PÍLULA — Notícia curta, distruibuída aos jornais para inserção gratuita.

PIRÓGRAFO — Instrumento com ponta de metal incandescente que serve para gravar.

PISO SALARIAL — É a quantia legal mínima do salário profissional.

PLACA — Peça de metal ornamental que se fixa em paredes para comemorar um evento.

PLÁGIO — Apresentação de trabalho literário ou científico de outros como sendo seu.

PLANEJADOR — Aquele que projeta ou planifica operações tendo em vista sua eficiência e economia.

PLANEJAMENTO — Processo sistemático de pensamento, no sentido da criação de um modelo a ser seguido em uma ação específica. — Função administrativa cuja essência é a elaboração de planos, tendo em vista os objetivos e diretrizes da empresa.

PLANO — Estudo prévio de problemas inerentes a atividades que se deseja desenvolver, segundo determinado método.

PLANTA — Desenho representativo de projeção horizontal de edifícios e pequenas áreas. — Carta topográfica.

PLEITO — Questão em juízo. — Debate de temas controvertidos. — Sufrágio eleitoral.

PLENÁRIO — Local onde se reúnem os membros de um grupo para discutir e deliberar.

"PLUTOGOGUE" — Palavra criada pelo Prof. Theodore Smith, da Universidade de Chicago (1935), para significar o assessor dos plutocratas, que no entender desse professor seria o profissional de Relações Públicas.

PODER — Capacidade de dispor de autoridade e de força.

PODER CONTROVERSIAL — Poder instrumental indispensável para administração de controvérsias.

PODER DE POLÍCIA — Faculdade discricionária do Poder Público em limitar a liberdade individual em prol do interesse coletivo ou particular (José Cretella Júnior).

PODER PÚBLICO — Conjunto de órgãos investidos de autoridade para realizar os fins do Estado. — Administração pública.

POLÍTICA — Normas básicas de uma Organização que determinam o padrão de sua atitude e atividades. — Diretrizes governamentais em relação a assuntos e problemas de interesse público. — Ciência que estuda a natureza, o exercício e os efeitos do poder na sociedade.

"POLÍTICA DE CARAMUJO" — Atitudes adotadas por grandes empresas que não se preocupam com o diálogo com a comunidade.

POLÍTICA DE PORTAS ABERTAS — Um evento para o qual a companhia convida seus empregados, revendedores, fornecedores e/ou sua comunidade para visitá-la e observar como opera. — Processo usado mediante visitas que são programadas tendo em vista uma data: inauguração, aniversário, novos serviços etc.; são dirigidas ao público em geral, ficando a organização com as portas abertas.

POLÍTICA SOCIAL — Atitude relativa à orientação do controle social em relação aos seus objetivos ou no que concerne aos seus métodos (T. D. Eliot). — A totalidade das medidas administrativas que visam a melhorar as camadas sociais mais carentes.

POPULAÇÃO — É o todo pesquisado representado pela amostra. — Também recebe o nome de "universo".

PORTARIA — Ato escrito pelo qual a autoridade administrativa determina providências, dá instruções, designa funcionários e aplica medidas de ordem disciplinar.

PORTA-VOZ — Pessoa que fala oficialmente, em nome de uma empresa ou instituição.

POSIÇÃO DE RECEPTIVIDADE — Prontidão de uma pessoa para receber e responder a comunicações de uma certa fonte.

POSTO — Lugar no órgão governamental ou empresa que cada um deve ocupar no desempenho de suas funções. — Graduação militar.

PRAG — Sigla da Public Relations Association of Ghana, fundada em 28 de setembro de 1971, na cidade de Accra.

PRAI — Sigla da Public Relations Association of Israel, fundada em 1958 e que promoveu o V Congresso Mundial de Relações Públicas.

PRECEDENTE — Inovação na maneira de decidir, dentro de uma entidade ou grupo, em face de situações não previstas nos regulamentos.

PRECONCEITO — Atitude baseada em mera crença, antipatia ou generalização a fim de contribuir para a mantença do *status* ameaçado.

PRÊMIO — Distinção conferida a quem se destacou por mérito ou trabalho. — Recompensa aos empregados por serviços excepcionais. — Forma de reconhecimento a estudantes por suas notas altas.

PRESS RELEASE — Expressão que significa comunicado para a imprensa. — Na linguagem jornalística, é uma notícia desenvolvida, algumas vezes com fotografia, que é distribuída aos veículos de divulgação para inserção gratuita. — Também conhecido, nos Estados Unidos da América, como *press information* ou *handout*.

PRESCRIÇÃO — Prazo após o qual não há mais possibilidade de o interessado fazer valer seus direitos. — Ordem formal.

PRESIDENTE — Pessoa que dirige os trabalhos de uma reunião ou assembléia, com a responsabilidade de fazer cumprir as disposições regulamentais.

PRESTÍGIO — Reputação e posição de uma pessoa, instituição ou grupo.

PRÉ-TESTE — Experiência das técnicas numa pesquisa para adquirir certeza de que elas estão adequadas, antes de montar o padrão completo da pesquisa. — Avaliação prévia do questionário de pesquisa.

PREVISÃO — Conjeturar antecipadamente prováveis ocorrências, de modo a permitir tirar partido da situação.

PRII — Sigla do Public Relations Institute of Ireland, com sede em Dublin, filiado ao CERP desde 1968.

PRINCÍPIO — Proposição de que se parte para o conhecimento de outras. — Norma fundamental que orienta o comportamento, evitando o trabalho de estudar o que já foi objeto de pesquisa. — Causa primária.

PRINCÍPIO DE JURISDIÇÃO — Organização de uma campanha pela delegação de responsabilidades locais a líderes escolhidos em cada comunidade, como nos distritos de uma cidade em uma campanha política.

PRIORIDADE — Qualidade daquilo que está em primeiro lugar dentro de uma série ou ordem.

PROCEDIMENTO — Seqüência cronológica que fixa o modo correto pelo qual uma atividade deve ser cumprida. — Formalidades que devem ser obedecidas nos trâmites de um processo.

PROCESSO — Sucessão sistemática de mudanças numa direção definida (Donald Pierson). — Seqüência de ações tendo em vista um fim determinado.

PROCESSO DE RELAÇÕES PÚBLICAS — Para se atingir com segurança o objetivo dos serviços de Relações Públicas, é necessário fixar-se um processo pelo qual passarão todos os elementos com os quais se vai contar. — O processo compreende seis fases: 1. determinação e identificação dos públicos; 2. apreciação do comportamento dos públicos; 3. levantamento das condições internas de organização; 4. revisão e ajustamento da política administrativa; 5. amplo programa de informação, 6. avaliação e controle dos resultados.

PROCURAÇÃO — Documento que outorga direitos ou poderes. Autorização escrita dada por um acionista a alguém para movimentar suas ações.

PRODUÇÃO — Toda a fase de preparo de um trabalho até o seu acabamento. — Criação de utilidades, tendo em vista as necessidades econômicas do homem. — Preparação da parte gráfica do anúncio.

PRODUTIVIDADE — Estado ou qualidade daquilo que é produtivo. — Montante produzido em relação ao esforço ou tempo gasto.

PRODUTOR — Pessoa que orienta ou realiza programa de rádio ou televisão.

PROFISSÃO — Atividade especializada permanentemente exercida e institucionalizada.

PROFISSIOGRAFIA — Estudo descritivo, crítico e minucioso de profissão e de seus profissionais.

PROFISSIOGRAFIA DE RELAÇÕES PÚBLICAS — Descrição pormenorizada da história, legislação e funções da profissão e dos profissionais de relações públicas.

PROFISSIONAIS DE RELAÇÕES PÚBLICAS — Denominação adotada pela Lei nº 5.377, de 11 de dezembro de 1967, para aqueles que exercem a atividade de Relações Públicas no Brasil.

PROGRAMA — Linha planejada de atividades para um projeto ou programação. — Seqüência cronológica de atividades previamente estabele-

cidas em um projeto ou conjunto de projetos afins, em termos setoriais.
— Conjunto de instruções preparadas em uma linguagem binária, que dirige as operações do computador.

PROGRAMAÇÃO — Processo de desenvolver ações e etapas a serem cumpridas, bem como distribuir responsabilidades pela execução dessas ações e etapas, de modo a garantir a realização dos objetivos fixados por meio de um programa. — A política e as atividades de relações públicas são desenvolvidas mediante programações e não de campanhas.

PROGRAMAS INTEGRADOS — Reunião dos programas mais usados, como o processador de texto, planilhas eletrônicas e banco de dados, simplificando as rotinas e tarefas do usuário do computador.

PROJEÇÃO — Ato ou efeito de projetar um filme ou um diapositivo na tela.

PROJETO — Proposta de um plano que compreende a descrição, a justificação e a indicação de recursos para a realização do que se tem em vista.

PROJETO EXPERIMENTAL — É um trabalho proposto e desenvolvido pelos alunos para um determinado tema, realizado nos laboratórios das escolas, em caráter obrigatório, com o objetivo de criar ou aperfeiçoar práticas profissionais adequadas ao mercado.

PROJETOR — Aparelho para projetar filmes ou diapositivos. Veículo de comunicação dirigida auxiliar.

PROMOÇÃO — Atividade especial tendo como objetivo criar e estimular interesse em uma pessoa, produto, organização ou causa.

PROMOÇÃO DE VENDAS — Conjunto de vantagens que uma organização oferece, no sentido de incrementar a venda de seus produtos. — Atividade mercantil dirigida a reforçar a venda direta e coordenar toda a publicidade e propaganda, incrementando a sua eficácia.

PRONTUÁRIO — Cartão ou ficha com os antecedentes de uma pessoa. — Documentário de cada empregado no Departamento de Pessoal. — Para Relações Públicas não basta o prontuário do departamento de pessoal, é preciso que se conheça o interesse e qualificação dos empregados que geralmente não constam desses assentamentos.

PROPAGANDA — Um esforço para influenciar a opinião de outros. — Tentativa sistemática de um indivíduo ou indivíduos interessados em controlar as atividades de um grupo de indivíduos, empregando sugestões e, deste modo, controlar suas ações. — Propagação de idéias, opiniões e atitudes tendo como propósito real esclarecer o ouvinte ou leitor. —

Significa principalmente a paralisação da reflexão crítica, concorrendo para o agravamento do automotismo e da passividade conformista em relação a certas fórmulas estereotipadas de comportamento. — Tentativa deliberada do controle de atitudes e opiniões. — Uma campanha deliberadamente despertada e orientada para induzir as pessoas a aceitar um ponto de vista dado, um sentimento ou poder. — Ação encaminhada para propagar uma ideologia, doutrina ou pessoa. — Apresentação ao público de fatos — reais ou supostos —, argumentos e opiniões, organizadas de tal modo que induzam a conclusões favoráveis para os interesses ou pontos de vista de quem os tem apresentado (Roger N. Baldwin).

PROPOSIÇÃO — Enunciação de um juízo — Expressão verbal de um conceito.

PROPOSTA — Oferta de negócio feita a alguém, pendente de aceitação. — Materiais organizados para oferecer planos para um programa ou serviço. — Uma proposta pode ser usada em uma apresentação, ser enviada pelo correio ou entregue em mãos. — Concretização da idéia de um associado a respeito de um assunto colocado na pauta de trabalho de uma empresa ou negócio.

PROSPECTO — Impresso que faz conhecer as finalidades, as condições e as particularidades de uma empresa ou de um negócio.

PROTOCOLO — Conjunto de normas de cerimonial que regem as relações com e entre determinadas personalidades em razão de seu cargo e dignidade.

PROVA — Impressão preliminar de um texto e/ou ilustração para constatar a fidelidade com o original. — Amostra de trabalho tipográfico para verificação e emenda.

PRSA — Sociedade de Relações Públicas da América, entidade fundada em 1947, conta com quase cem Seções Regionais e cerca de 25.000 associados. A PRSA era filiada à Federação Interamericana de Associações de Relações Públicas (FIARP). A PRSA é responsável pela publicação *Public Relations Journal.*

PRSF — Sigla da Public Relations Society of Finland, entidade filiada ao CERP em 1969.

PSICOSSOCIAL — O que está constituído em parte por fenômenos psíquicos e em parte por fenômenos sociais (M. Smith).

PUBLIC BE DAMNED — O público que se dane. Essas palavras, usadas por Vanderbilt, quando ouvido pela imprensa a respeito da extinção de um ramal de uma de suas estradas de ferro, sintetizam uma época (1ª década deste século), em que não se dava importância ao público, nem à sua opinião. As grandes empresas usavam de quaisquer recursos para atingir seus objetivos e descartar-se dos concorrentes, menosprezando a opinião pública.

PUBLIC BE INFORMED — O público deve ser informado. Por ocasião de sangrenta greve em uma das fábricas de Rockefeller este contratou Ivy Lee, antigo jornalista, para resolver a questão. Não se pode dizer que Lee tenha usado nessa ocasião técnicas exatas de Relações Públicas, mas a sua intervenção no caso serviu para chamar a atenção dos grandes donos de empresas para o problema, demonstrada que ficou a eficácia de Relações Públicas na solução de importantes questões das grandes organizações. Delineou-se a partir daí a função social dos negócios. Os homens de Relações Públicas procuravam apresentar os patrões como filantropos, interessados no bem-estar geral. Eram oferecidos magníficos empregos aos jornalistas para que não atacassem as empresas, mas as defendessem. Alguns ingênuos chamam a esse período de "Public be informed"; só que as informações eram "interessadas" e pagas.

PUBLIC RELATIONS INSTITUTE OF AUSTRALIA — Sociedade de profissionais de Relações Públicas filiada à Pan Pacific Public Relations (PPPRF).

PUBLIC RELATIONS MAN — O homem de Relações Públicas — é uma pessoa credenciada, em face de sua experiência e formação especializada, e comumente solicitada por uma empresa pública ou privada para aconselhá-la em matéria de Relações Públicas, de criar e realizar promoções do setor. Suas qualificações profissionais devem, em princípio, ser reconhecidas por uma Associação nacional ou internacional de Relações Públicas (IPRA). — É aquele que, como assessor ou funcionário, desenvolve permanentes atividades tendentes, tanto a criar um clima de mútuo entendimento entre os diversos elementos que intervêm na operação e funcionamento de uma empresa ou instituição, quanto a criar, incrementar e dirigir para mútuo benefício a recíproca compreensão entre a comunidade e a instituição ou empresa à qual serve e que, ante a necessidade e conveniência a seu respeito, se vale das técnicas modernas de difusão, para que os dados divulgados sejam feitos para o conhecimento geral de maneira clara, verdadeira a oportuna (Associação Mexicana de Profissionais de Relações Públicas).

PUBLIC RELATIONS SOCIETY OF INDIA — Entidade fundada em Bombain, filiada à PPPRF.

PUBLIC RELATIONS SOCIETY OF SRI LANKA — Associação criada em Colombo, capital do Antigo Ceilão, para agrupar profissionais de Relações Públicas.

PUBLIC RELATIONS SOCIETY OF THAILAND — Associação criada por profissionais de Relações Públicas da área governamental em Bangkok, em 1973.

PUBLICAÇÃO — As publicações em Relações Públicas são um dos tipos de veículo de comunicação dirigida, escrita. Tem como objetivos: a) explanação das políticas e diretrizes da empresa; b) informações a respeito dos processos de trabalho; c) humanização das atividades da empresa mediante notícias relativas ao seu pessoal; d) promoção de campanhas de segurança e de interesse geral; e) interpretação do papel da empresa na comunidade; f) melhoria do moral dos empregados; g) facilitar a compreensão e o respeito mútuos entre a empresa e seus públicos. — Trabalho literário ou científico ou simplesmente de divulgação.

PUBLICAÇÃO COMBINADA — Publicação distribuída tanto aos empregados ou membros de uma organização quanto a indivíduos ou grupos externos.

PUBLICAÇÃO EXTERNA — Publicação editada por uma organização para pessoas fora de seus grupos de empregados ou membros, como por exemplo clientes, comunidade local, mundo financeiro etc.

PUBLICAÇÃO INTERNA — Publicação dirigida ao pessoal ou membros de uma companhia ou organização. — Ver também *PERIÓDICO DE EMPRESA*.

PUBLICAÇÕES DE CLASSE — Periódicos destinados a atingir grupos particulares, bem definidos, interessados em certos assuntos limitados.

PUBLICAÇÕES DE MASSA — Periódicos com ampla variedade de apelo e de grande circulação.

PUBLICAÇÕES DO RAMO — Periódicos que tratam de matérias que interessam a um tipo específico de empresa ou entidade.

PUBLICAÇÕES EMPRESARIAIS — Periódicos dirigidos, em primeiro lugar, a grupos empresariais e financeiros.

PUBLICAÇÕES FEMININAS — Periódicos editados para atender a um interesse específico do sexo feminino, com assuntos selecionados de acordo com esse interesse.

PUBLICIDADE — Uma mensagem propositalmente planejada, executada e distribuída por meio de veículos selecionados para promover o interesse particular do cliente sem pagamento específico aos veículos. — Consiste em notícias exatas, preparadas por uma empresa comercial ou não, com o intuito de fazer progredir seus interesses. Publicidade é um dos instrumentos básicos de Relações Públicas, um meio de comunicação destinado a informar o público sobre os atos de uma organização a fim de obter, para a mesma a boa vontade e a compreensão públicas. Publicidade não deve ser confundida com propaganda, uma vez que publicidade procura informar e vive da realidade e do ineditismo. — Disciplina que põe em ação procedimentos de informação que concentrem a atenção pública sobre produtos, pessoas, organizações ou outros elementos.

PUBLICITÁRIO — Profissional especializado que trabalha em agência ou departamento de propaganda.

PÚBLICO — São pessoas e/ou grupos organizados de pessoas, sem dependência de contatos físicos, encarando uma controvérsia, com idéias divididas quanto à solução ou medidas a serem tomadas frente a ela; com oportunidade para discuti-la, acompanhando e participando do debate por meio dos veículos de comunicação ou da interação pessoal. — Pessoas que se dividem quanto à solução ou medidas a serem tomadas com referência a um problema (questão política, social, econômica etc.) e participam de um debate acerca do assunto. Há tantos públicos quantos problemas sobre os quais os membros da sociedade têm pontos de vista divergentes; fazem parte do público as pessoas que acompanham e participam do debate. — É uma massa amorfa cuja única forma é aquela que se decifra de seu interior e só existe dentro de um marco de referência dado (David Finn). Grupo social que se organiza através da discussão de questões e de crítica (Donald Pierson). — Agrupamento elementar e espontâneo formado em face da controvérsia e que não existe como grupo organizado porque sua existência concentra-se em razão do problema levantado; surgem as controvérsias, aparecem os públicos (Herbert Blumer). — Agrupamento amorfo, elementar e espontâneo, cujos membros se empenham em interação antagônica, a fim de chegar, pela discussão de um problema de interesse comum, à unidade e decisão (Emílio Willems). — Massa de pessoas situada dentro da órbita de qualquer instituição ou empresa, que atua de modo positivo, e que até pode afetar a ação dessa organização, seja por determinação legal ou pela oferta ou venda de serviços em comum ou de artigo manufaturados. O público pode oscilar entre a totalidade da população de um país a um pequeno grupo de pessoas (Instituto Britânico de Relações Públicas). — Para as Relações Públicas, o vocábulo "público" adquire uma significação especial, pois se refere aos grupos de indivíduos cujos interesses comuns são atingidos pelas ações de uma organização, instituição ou empresa, da mesma forma que os atos desses grupos se refletem na organização (Guia de Relações Públicas do Exército Brasileiro).

PÚBLICO ABSTRATO — Ver *MASSA*.

PÚBLICO EM GERAL — Composto de homens e mulheres com seus padrões de julgamento e com as suas opiniões, que têm como característica principal o contato pessoal, direto ou indireto, com a instituição. — É toda pessoa dentro da esfera de um negócio. Algumas vezes, essa esfera está confinada aos limites de uma cidade ou de uma área local de mercado; algumas vezes é o extenso mundo (William Nielander e Raymond Miller).

PÚBLICO EXTERNO — Agrupamento espontâneo que se origina dos grupos de expectadores de uma empresa ou instituição, por meio de diálogo planificado e permanente, abrangendo o público em geral, a comunidade, os poderes públicos, a imprensa em geral, as escolas e os concorrentes.

PÚBLICO INTERNO — Agrupamento espontâneo que se origina do grupo de empregados e seus familiares, por meio do diálogo planificado e permanente.

PÚBLICO MISTO — Público que tem, simultaneamente, características de público interno e de público externo, compreendendo os acionistas, revendedores e fornecedores. O público misto se origina do grupo-clientela.

PUBLÍCOLA — Populista, demagogo.

PUBLICOLOGIA — Sistematização das técnicas de Relações Públicas. — Estudo minucioso dos públicos em Relações Públicas.

Q

QUADRO — Número representativo de empregados numa repartição ou escritório. — Conjunto de cargos de carreira e isolados na Administração Pública.

QUADRO DE AVISO — Ver *AVISOS*.

QUADRO-DE-GIZ — Peça geralmente retangular de ardósia ou madeira, usada para escrita ou cálculos. — Veículo de comunicação auxiliar dirigida.

QUADRO NEGRO — Ver *QUADRO-DE-GIZ*.

QUALIDADE — É o somatório das características de um produto ou serviço que lhe assegura a capacidade de satisfazer as necessidades da clientela. — Disposição moral ou intelectual das pessoas.

QUEIXA — Informação que vai do público para a administração (pública ou privada); deve, portanto, ser sistematizada a sua recepção e bem estudados os seus elementos, para que reverta em um máximo de informações possível, a bem da empresa e do público em geral. — Participação à autoridade sobre ofensas recebidas.

QUESITO — Ponto de questão, que se pede resposta ou opinião.

QUESTÃO DE ORDEM — Todo pedido, em uma reunião ou assembléia, visando esclarecer dúvida no cumprimento do Regimento.

QUESTIONÁRIO — Relação de perguntas feitas a pessoas entrevistadas em uma pesquisa de atitude, opinião, intenção e desejo. — Compilação ou série de questões ou perguntas. — Processo empregado para se avaliar ou traduzir o que um grupo determinado quer, pensa e é.

QUIZILA — Pendência ou rixa. — Desavença ou desinteligência.

QUORUM — Número legal mínimo de membros para que uma assembléia possa reunir e deliberar.

QUOTA — Ver *COTA*.

R

RACIOCÍNIO — Encadeamento lógico de juízo. — Operação mental por meio de juízo articulador.

RACIONALIDADE — Característica do ser pensante. — Qualidade de pessoa, que se utiliza da faculdade de raciocinar.

RACIONALIDADE ESSENCIAL — Faculdade de raciocínio que busca chegar à natureza das coisas, à procura da idéia principal sem preocupações imediatas de caráter econômico. — Também pode ser chamada de racionalidade substancial.

RACIONALIDADE FUNCIONAL — É a faculdade de raciocínio tendo em vista os conhecimentos aplicáveis à vida profissional e às suas necessidades imediatas. — Também é denominada racionalidade operacional.

RACIONALIDADE OPERACIONAL — Ver *RACIONALIDADE FUNCIONAL*.

RACIONALIDADE SUBSTANCIAL — Ver *RACIONALIDADE ESSENCIAL*.

RACIONALIZAR — Explicar de acordo com a razão. — Aplicar princípios e técnicas da administração científica.

RÁDIO — Veículo de comunicação massiva que atinge grande número de pessoas com notícias, reportagens, entrevistas, comentários, além de efeitos sonoros. Vantagens: grande audiência, variedade de assuntos, informação atualizada, custo reduzido e apelo mais pessoal do que a palavra impressa. Desvantagens: suas informações são perecíveis e exigem atenção constante.

RAFE — Esforço inicial para a leitura de obra gráfica. — Estado bruto de um anúncio.

RAMA — Armação de ferro de diferentes tamanhos, que sustentam a composição tipográfica.

RAPPORT — Na formação da multidão, depois que seus integrantes passam pelo processo *milling*, e que cada um foi contagiado pela excitação dos demais, chega-se a um estado de *rapport*. Esta é a relação entre as pessoas em que as respostas de umas a outras são rápidas, espontâneas, não refletidas e completas. Nesse estágio, os integrantes do grupo tornam-se muito sensíveis, respondendo sem reflexão e rapidamente aos apelos dos demais componentes. — Relação mútua entre duas ou mais pessoas em que cada uma é capaz de responder, imediata e espontaneamente, às demais (João Baptista Aguiar).

RASURA — Raspagem feita para corrigir ou alterar um documento ou qualquer escrito.

RAZÃO — Capacidade de discernir o verdadeiro do falso. — Faculdade de pensar. — Livro em que se escrituram as contas que se abrem no livro diário.

REAÇÃO CIRCULAR — Ver *MILLING*.

READAPTAÇÃO — Aproveitamento do empregado ou funcionário em atividade mais compatível com a sua capacidade e vocação.

REALIMENTAÇÃO (Feedback) — Reenvio de uma mensagem pelo receptor ao emissor, ainda no fluxo de transmissão ou imediatamente após — O mesmo que *retroalimentação*.

RECEPCIONISTA — Aquele que cuida da primeira etapa na realização de um programa de visitas: atende à chegada dos visitantes, entrega um programa de visita e distribui distintivo ou credencial aos visitantes.

RECEPTOR — Pessoa ou grupo de pessoas que recebe a mensagem no processo da comunicação.

RECURSO — Expediente para resolver um problema. — Meio para conseguir reformar uma sentença judicial.

RECLAMAÇÃO — No atendimento ao público, o setor encarregado de receber as reclamações deve acolher, com competência e cortesia, o reclamante. Em geral, esse setor deve estar ao lado do serviço de informações, se for o caso, para ser solucionada imediatamente a reclamação, ou dar prazo certo para a resposta que poderá ser apresentada no local ou enviada ao reclamante. — Reivindicação de um direito, de que uma pessoa acredita ser possuidora.

RECRUTAMENTO — Processo de atrair pessoas para uma atividade ou profissão.

RECUPERAÇÃO DA INFORMAÇÃO — Reaproveitamento de mensagem transmitida geralmente sem o auxílio direto do receptor.

REDAÇÃO — Local onde trabalham jornalistas. — Ato ou modo de redigir.

REDATOR — Profissional que escreve para veículos de comunicação, com o encargo principal de redigir editoriais ou comentários.

REDE — Duas ou mais estações de rádio ou televisão unidas por fios coaxiais ou por retransmissão por meio de microondas para programas originais em um ponto. — Conjunto interligado de computadores trabalhando em conjunto, que praticamente eliminam a utilização de mainframes. — Dentre outras vantagens, está o uso compartilhado de programas e periféricos, como as impressoras.

REDUÇÃO — Reduzir o tamanho de qualquer peça visual, reproduzindo-a. — Cópia de um original em escala menor.

REDUNDÂNCIA — Superabundância de palavras para expressar determinada idéia. — A redundância é chamada positiva quando contribui para a diminuição do ruído em comunicação.

REEDIÇÃO — Ver *REIMPRESSÃO*.

REENGENHARIA — A reengenharia é repensar o fundamental, é a reestruturação radical dos processos empresariais, que visam alcançar drásticas melhorias e indicadores críticos e contemporâneos de desempenho, tais como: custos, qualidade, atendimento e velocidade (Hammer e Champy).

REESCREVEDOR — Jornalista com amplo conhecimento da língua, que reescreve as notícias dos repórteres e noticiaristas, hoje também chamado copidesque.

REFERÊNCIAS — Informação que alguém dá a respeito de outra pessoa a outrem. — Notas informativas a respeito de pessoas, coisas ou fatos. — Indicação de pessoas que podem dar informações de serviços ou produtos.

REFLEXÃO — Ato de suspender o juízo para melhor investigar a posição ou situação. — Pensar maduramente.

REFLEXO CONDICIONADO — Além dos reflexos incondicionados (piscar, tremer etc.) existem os reflexos condicionados realizados por influência de fatores externos adquiridos.

REFORÇO SELETIVO — Tendência a escolher de várias idéias ou mensagens aquelas que confirmam uma opinião ou uma atitude já existente.

REGIMENTO — Corpo de regras para serviço interno de uma instituição determinando atribuições de seus membros. — Conjunto de normas que regem o funcionamento de uma assembléia ou congresso.

REGULAMENTO — Conjunto de regras destinadas a esclarecer ou completar o texto de lei ou estatuto. — Normas de caráter geral para a execução de uma lei.

REIMPRESSÃO — Uma segunda ou nova impressão de um trabalho impresso (livro, revista ou artigo de jornal, organograma ou ilustração, quadro ou mapa e similares). Quando houver acréscimos, modificações ou supressões, então a reimpressão passa a ser reedição.

RELAÇÃO SOCIAL — Interação entre pessoas, baseada em comunicação (Dicionário de Sociologia da Editora Globo).

RELACIONADOR PÚBLICO — Ver *RELACIONISTA PÚBLICO*.

RELACIONAMENTO — Resultado dos contatos de uma instituição com seus públicos, por meio de comunhão de idéias e atitudes.

RELACIONISTA PÚBLICO — Denominação adotada para o profissional de Relações Públicas, na maioria dos países da América espanhola. No México e Chile usa-se o termo relacionador público.

RELAÇÕES COM A IMPRENSA EM GERAL — As relações com a imprensa são, entre as funções de Relações Públicas, as que têm por finalidade adquirir e manter a confiança dos dirigentes e colaboradores dos diversos órgãos de divulgação (jornal, revista, rádio e televisão), confiança essa que se afirma pela utilização de noticiário proveniente de uma empresa pública ou privada. Para poder atingir esse fim, há a necessidade de um serviço de informações dotado de todos os recursos e meios indispensáveis à realização de suas atividades (IPRA).

RELAÇÕES COM O PÚBLICO EM GERAL — Conjunto de diretivas, técnicas e atividades que visem a melhorar os contatos pessoais entre os funcionários de um órgão governamental ou empresa privada e o público em geral. Esses contatos podem ser diretos ou indiretos.

RELAÇÕES HUMANAS — Disciplina que aspira a descobrir princípios de interação humana para alcançar mútua compreensão, respeito e cooperação. São relações funcionais, intragrupais, diretas, face a face, associadoras e éticas; podem ser abertas ou cerradas. Cabe notar: se a origem é o homem e também sua meta, não só devem ser funcionais, como também profundas e dignas. Dentro dos grupos primários se dá a sua máxima expressão.

RELAÇÕES HUMANAS NO TRABALHO — Arte de obter e conservar a cooperação e a confiança dos membros de um grupo ou grupos, a fim de evitar um clima desfavorável e hostil à produtividade. — Em uma programação de Relações Públicas, o público interno não deve ser esquecido, sendo as Relações Humanas no Trabalho muito importantes. — Tratamento humano entre as pessoas que trabalham na mesma empresa.

RELAÇÕES PÚBLICAS — Definições populares: a) arte que se traduz no tratar com cortesia a todos indistintamente para que se sintam no mesmo plano de igualdade; b) arte de fazer bem as coisas e obter crédito pelo feito; c) faça alguma coisa bem-feita, diga aos outros o que fez. — Definições européias: Inglesas: a) instrumento para promover esse intangível capaz de desenvolver uma filosofia propícia aos objetivos magnos de uma empresa; b) esforço deliberado, planificado e permanente para estabelecer e manter mútua compreensão entre uma organização e o seu público. — Francesas: a) são aquilo que uma organização pública ou privada faz e diz, tendo em vista ficar conhecida e apreciada pelo público; b) Relações Públicas são, inicialmente, o conjunto de meios utilizados pela empresa para criar um clima de confiança junto ao seu pessoal, junto aos grupos com os quais se acha ligados e, comumente, junto ao público em geral, tendo em vista proteger sua atividade e favorecer seu desenvolvimento (Louis Salleron). — Norueguesa: A atividade de Relações Públicas é um esforço planejado e sistemático para ajudar as pessoas a compreender as possibilidades próximas e para fornecer a uma motivação para fazer uso sensível daquelas possibilidades (E. B. Shieldrop). — Italiana: Relações Públicas querem conhecer, por parte do público, até que ponto um serviço ou um produto, uma idéia ou uma ação são efetivamente úteis, ao mesmo tempo que pedem a indicação de um caminho a ser seguido, de modo a satisfazer o público permanente (Carlo Majello). — Belga: A crise de nossa civilização contemporânea é resultante da falta de equilíbrio, que é devida ao fato de que o progresso técnico da humanidade não é contrabalançado pelo progresso moral. Relações Públicas são o meio para preencher esta profunda necessidade de renovação espiritual. Esta idéia tem um longo caminho a percorrer antes de ser completamente aceita, dando assim às nossas empresas a quarta dimensão que elas requerem (F. Minoresco). — Russa: Relações Públicas na Rússia são compreendidas em largos termos. Elas significam as relações entre homens, classes e pessoas que vivem no campo da economia e também no da ciência, da tecnologia, da ideologia, da moral e da cultura. Enquanto no Ocidente elas são compreendidas como um meio para estudar mercados e questões de várias tendências de popularização técnica e informação comercial (Youtchouk). — Brasileiras: a) Relações Públicas, como função administrativa, são o procedimento mediante o qual determinada empresa procura deliberadamente criar em seu favor um crédito de confiança e de estima na respectiva clientela, contra a qual pode sacar em proveito, tanto de seu programa como de seus interesses institucionais (Benedito Silva); b) Relações Públicas são os métodos de integrar na opinião pública conceitos favoráveis relativos a uma pessoa ou instituição (Walter R. Poyares); c) Relações Públicas são o intercâmbio de informações entre uma instituição (de qualquer gênero) e sua clientela ou grupo social, destinado a estabelecer bom entendimento humano (Rone Amorim); d) Relações Públicas são o conjunto de atividades que têm por fim conseguir e manter em determinado público um clima de receptividade para uma pessoa, uma idéia, um produto (J.R.W. Penteado); e) Relações Públicas podem ser definidas como um esforço de qualquer grupo, para ganhar a estima e a boa vontade do público e, por sua conduta e relações, merecer esta estima; f) esforço deliberado, planificado, coeso e contínuo da alta administração, para estabelecer e manter uma compreensão mútua entre uma organização pública ou privada e o seu pessoal, assim como entre a organização e todos os grupos aos quais está ligada, direta e indiretamente (Definição da ABRP). São uma atividade sócio-técnico-administrativa, mediante a qual se pesquisa e avalia a opinião e a atitude do público e se empreende um programa de ação planificado, contínuo e de comunicação recíproca, baseado no interesse da comunidade e destinado a manter uma afinidade e compreensão da mesma para com entidades de qualquer natureza (Definição da FIARP atualmente CONFIARP). São o diálogo planificado e permanente entre uma instituição e seus públicos, com o objetivo de determinar o interesse social e identificá-lo com o interesse privado; o exercício profissional da Relações Públicas exige uma ação planejada com o apoio da pesquisa na comunicação sistemática e na participação programada, para elevar o nível de entendimento, solidariedade e colaboração entre um entidade pública e privada e os grupos sociais e ela vinculados em um processo de interação de interesses legítimos, para promover seu desenvolvimento recíproco e o da comunidade a qual pertence (Acordo do México).

RELAÇÕES PÚBLICAS EDUCACIONAIS — É a atividade de Relações Públicas que se dedica ao estudo das diretrizes e técnicas empregadas pelas empresas nos contatos com as escolas. — Entende-se também por Relações Públicas Educacionais ou Escolares as atividades de Relações Públicas exercidas pelos Departamentos ou Serviços de Relações Públicas existentes nas escolas de qualquer nível.

RELAÇÕES PÚBLICAS ESCOLARES — Ver *RELAÇÕES PÚBLICAS EDUCACIONAIS.*

RELAÇÕES PÚBLICAS ESPECIALIZADAS — Aspectos da disciplina que particularizam um tratamento em função do caráter da atividade dos grupos ou organizações (empresariais, financeiras, profissionais, educacionais, governamentais etc.).

RELAÇÕES PÚBLICAS GOVERNAMENTAIS — Esforço deliberado, planificado, coeso e contínuo da alta administração governamental para estabelecer e manter uma compreensão mútua entre a administração pública e o seu pessoal, assim como entre a administração e todos os grupos aos quais está diretamente ligada. (Adaptação da definição oficial de Relações Públicas da ABRP). — Método de ação que, mediante diálogo planificado e permanente entre governantes e governados, procura determinar o interesse social.

RELAÇÕES PÚBLICAS INTERNACIONAIS — Atividades específicas de Relações Públicas que se dedica ao estudo das diretrizes e técnicas empregadas por empresa internacional nos contatos com os países onde atuam, obedecendo às peculiaridades e costumes nacionais.

RELATOR — Aquele que é encarregado de estudar determinados assuntos e apresentar o relatório e parecer à consideração de um plenário.

RELATOR PÚBLICO — Aquele que exerce as atividades de Relações Públicas no campo público ou privado. — Aquele que representa o público na alta administração de uma empresa ou instituição e coloca essa empresa ou instituição à deliberação da opinião pública, no significado preciso da palavra latina "relator", oris".

RELATÓRIO — Exposição circunstanciada das atividades de uma empresa ou instituição. — Veículo de comunicação dirigida escrita, que se enquadra entre as publicações de empresa. Dado que o relatório é a síntese das atividades de uma empresa e a sua importância como veículo de comunicação, merece o máximo de atenção o seu preparo. Devem ser suas características: clareza, exatidão, concisão, tempestividade, pertinência e ilustração. — Exposição minudente sobre incumbências, ocorrências e observações para conhecimentos da autoridade administrativa.

RELATÓRIO ANUAL — Relatório financeiro da diretoria de uma empresa, no cumprimento de normas legais; freqüentemente resumido e distribuído a acionistas e veículos de comunicação massiva.

RELATÓRIO DE CONFERÊNCIA — Resumo dos pontos discutidos, ações tomadas e designações feitas em uma conferência entre vários membros de uma organização ou entre membros da organização e seu conselho.

RELATÓRIO PARA EMPREGADOS — Relatório das atividades de uma empresa, em formato de revista, com ênfase para a política de pessoal.

R.P. — Abreviatura de Relator Público.

RR.PP. — Abreviatura de Relações Públicas.

REPORTAGEM — Noticiário desenvolvido sobre algum assunto.

REPRESENTAÇÃO — Comunicação de servidor público à autoridade administrativa competente sobre irregularidade, pela qual não é ele diretamente responsável. — Delegação de poderes e honrarias.

REPRESENTANTES — Pessoa que representa ou substitui outra de posição elevada na sociedade.

REPROGRAFIA — Técnica que permite a duplicação ou reprodução de documentos por meio de sistemas de pseudo-impressão e microfilmagem em tiragens limitadas.

REQUERIMENTO — Petição que se dirige a uma autoridade pública fazendo uma solicitação. — Não é necessário colocar no final do requerimento as expressões: nestes termos, pede deferimento.

REQUISIÇÃO — Ato pelo qual o Poder Público exige alguma coisa ou a prestação de serviço.

RESCISÃO — Anulação ou invalidação de um contrato. — Extinção antecipada ou prematura de um contrato.

RESENHA — Notícia sobre certo número de nomes ou fatos similares. — Descrição crítica pormenorizada de uma obra.

RESOLUÇÃO — Ato pelo qual uma autoridade governamental toma uma decisão de caráter geral. — Deliberação de uma assembléia sobre determinado assunto.

RESPONSABILIDADE — Obrigação de responder pelos próprios atos ou de outrem.

RESPONSABILIDADE SOCIAL — Ver *FUNÇÃO SOCIAL*.

RESPOSTA — Reação consciente ou inconsciente a um estímulo. — Refutação ou réplica.

RETÍCULA — Lâmina de vidro ou plástico empregada na reprodução da imagem de meios-tons por processo fotomecânico.

RETÓRICA — Arte de bem dizer. — O conjunto de regras relativas à eloqüência.

RETRANCA — Marcação de palavras ou algarismos nos originais para jornais ou revistas.

RETROALIMENTAÇÃO — Ver *REALIMENTAÇÃO*.

RETROPROJETOR — É um projetor especial de transparências, que funciona na frente da sala e que permite a escrita na superfície do quadro.

REUNIÃO — Veículo de comunicação dirigida oral. — Em termos gerais reunião é um agrupamento de pessoas com a finalidade de analisar e debater determinado assunto, em direção a um consenso, no encaminhamento de solução do problema em foco.

REUNIÃO DIALOGAL — Há cinco tipos de reunião dialogal: informativa, questionadora, dialética, deliberativa e instrutiva. — A reunião dialogal procura estabelecer uma estrutura verbal em direção à verdade, por meio de troca de informações, debate ordenado, conhecimento metodizado, identificação do problema, tomada de decisão e aprendizagem.

REVISÃO — Verificação e indicação de defeitos tipográficos ou de reprodução, na prova de um trabalho. — Vista minuciosa de um impresso para eliminar-lhe os erros. — Sala onde se revisam as provas.

REVISOR — Responsável pela revisão das provas.

REVISTA — Veículo de comunicação massiva, com largas possibilidades de abranger todo o público, podendo ser de assunto especializado ou geral. Podem ser lidas sem pressa, são geralmente colecionadas e têm boa apresentação. Possuem ainda a vantagem de ser ilustradas com fotografias, e as informações serem assim facilmente assimiladas pelo leitor.

ROTATIVA — Máquina impressora que funciona com fôrmas tipográficas (telhas) e com papel em bobina.

ROTEIRO — Indicação resumida do desenvolvimento de um programa de rádio ou TV, de um filme ou de um audiovisual. — Argumento já planificado.

ROTINA — Procedimento segundo o uso arraigado. — Realização de alguma coisa sempre da mesma maneira. — Em Relações Públicas, deve-se evitar, a todo custo, a rotina, porque ela não se coaduna com a dinâmica da área.

RÓTULO — Pequeno impresso que se coloca em recipientes ou embalagens para indicar-lhes o conteúdo.

RUBRICA — Firma ou assinatura abreviada, que geralmente se constitui de um só nome. — Apontamento para lembrar.

"RUA DE DUAS MÃOS" — Relações Públicas podem ser comparadas a uma rua de duas mãos: as informações vão da empresa para o público e do público para a empresa, com iguais oportunidades para todos. — Expressão criada por Edward Bernays (1923) para indicar o intercâmbio de informações entre as empresas e os seus públicos.

RUÍDO — É tudo aquilo que perturba um processo de comunicação; ele pode ser semântico, mecânico ou psicológico.

RUMOR — É, em geral, a explanação de fatos, numa distorção intencional ou não da sua realidade; ele se difunde a grande velocidade atingindo em pouco tempo os lugares mais distantes. Logo, onde há falta de notícias, circula o rumor. — É o recado ou a nova transmitida de boca em boca, de valor incerto, mas suscetível de balançar ou cristalizar a opinião pública. — É a exposição de um assunto destinado a ser acreditado, que passa de pessoa para pessoa, geralmente na forma oral e sem meios probatórios para assegurar a sua veracidade (Gordon Allport e Leo Postman).

S

SABATINA — Reunião informativa, mediante representação de pontos conhecidos ou para apresentação de relatório de situação ou de atividade.

SANÇÃO — Aprovação do executivo de projeto de lei aprovado pelo Legislativo. — Medida repressiva aplicada por autoridade.

SANGRADO — Na fotografia, é aquela que é limitada somente pelas bordas exteriores da página, sem nenhuma margem branca.

SEÇÃO — Um órgão da divisão administrativa de uma organização, abrange setores.

SECRETÁRIO — Pessoa encarregada de auxiliar o presidente na condução do trabalho de uma reunião ou assembléia.

SEGUNDO CLICHÊ — Parte da tiragem de um jornal, cujo conteúdo é alterado ou acrescentado, após o seu fechamento.

SELEÇÃO — Processo de escolha racional de candidatos a emprego ou curso.

SEMÂNTICA — Ciência que estuda os sinais e os símbolos em todas as suas significações. — Cabe à semântica estudar, como ciência, o significado das palavras que têm um papel preponderante nas comunicações porque ajudam as pessoas a pensar de modo mais exato, melhorando assim os contatos entre os indivíduos e os grupos.

SEMINÁRIO — Reunião informativa de grande eficiência, que desperta maior interesse, desde que, nos grupos do seminário, cada indivíduo pesquise e relate o subtema que lhe é atribuído. — Ver *JORNADA*.

SENTIDO DE PERTENCER — Sentimento ou consciência positiva em face do grupo a que se pertence.

SETOR — O menor órgão da divisão administrativa de uma organização.

SERVIÇO — Um órgão da divisão administrativa de uma organização; abarca seções e setores.

SETOR DE RECORTES — Setor onde toda a informação ou notícia de interesse é recortada e segue as seguintes etapas: acompanhamento, seleção, classificação, análise, encaminhamento e catalogação.

SETORISTA — Jornalista encarregado de cobrir, exclusivamente, uma fonte permanente de notícias.

SIGLA — Abreviatura de uma palavra, compreendida pela sua letra inicial ou formada de várias iniciais juntas. — Nome comercial de uma empresa ou instituição; compõe-se das primeiras letras das palavras que formam sua razão social.

SIGNATÁRIO — Aquele que apõe a sua assinatura em um documento ou qualquer tipo de escrito.

SIGNIFICAÇÃO — Aquilo que uma coisa quer dizer. — Sentido das palavras. — Ato de exprimir por meio de sinais.

SIGNIFICADO — O que constitui o substrato da expressão da língua. — É de natureza conceitual.

SIGNIFICANTE — O que está no plano de expressão da língua — É a natureza oral auditiva.

SIGNO — Conjunto de caracteres com significação especializada ou específica. — É o total resultante da composição de um significante e um significado.

SÍMBOLO — Pessoa, gesto, palavra, fórmula, sinal gráfico ou objeto material que tenha adquirido um significado específico e represente, em um contexto cultural, um sentimento, ato, ou atitude (Emílio Willems). — É a coisa que representa a outra. — Imagem utilizada como sinal de uma coisa.

SIMPÓSIO — Reunião informativa de várias pessoas, sob a direção de um moderador, para apresentação de um tema de grande interesse, geralmente científico, a uma audiência selecionada. Nesta forma de reunião informativa, a assistência participa apenas no período de perguntas e respostas que se seguem às comunicações. — Reunião de especialistas do assunto em discussão, com o objetivo não propriamente de debater, mas de realizar um intercâmbio de idéias e informações.

SINAL — Marca ou vestígio que serve para recordar ou dar prova de uma coisa. — Qualquer transmissão de ondas eletrônicas.

SINALEFA — Instrumento de encadernador para dourar filetes nas capas de livros.

SINDICÂNCIA — Conjunto de atos e diligências que tem por escopo investigar e apurar irregularidades.

SINDICATO — Associação para a defesa e coordenação de interesses dos profissionais da mesma categoria.

SÍNDICO — Pessoa encarregada de administrar bens de uma associação, classe ou condomínio.

SINOPSE — Resumo de um programa de televisão ou de um filme. Apanhado geral de uma ciência.

SISTEMA — Conjunto de partes inter-relacionadas, interpendentes e interatuantes, em função de objetivos preestabelecidos. — Conjunto de partes ordenadas entre si.

SISTEMA DE QUALIDADE — Conjunto da estrutura organizacional com procedimentos, responsabilidades, processos e recursos necessários para implementar a gestão da qualidade.

SISTEMA DE REFERÊNCIA — É um modelo de definições para um objetivo.

SISTEMA DE SUGESTÃO — Programa pelo qual os empregados ou o público em geral apresentam à administração idéias para promover maior produção, eficiência, segurança etc. — Algumas vezes, os empregados são recompensados pelas sugestões aceitas, por meio de prêmios em dinheiro ou bolsa de estudos.

SISTEMÁTICA — Ver *TAXIONOMIA*.

SITUAÇÃO — Série de elementos que compõem o patrimônio de uma empresa em um dado momento. — Balanço aproximativo sujeito a verificação.

SITUAÇÃO DE CONFLITO — Série de circunstâncias que implicam relações mutuamente antagônicas e francamente coativas ou destruidoras de indivíduos ou grupos (Mapheus Smith).

SLOGAN — Frase de combate, de fácil memorização, para uma campanha publicitária. — Palavra de origem gaélica que significa convocação de guerreiros para lutar por uma causa.

SOBRECAPA — Cobertura de papel com o título de obra e o nome do autor.

SOBRECARTA — Envelope encorpado dentro do qual é colocada a cédula, em eleição por escrutínio secreto.

SOCARP — Sigla da Société Canadienne des Relations Publiques, entidade que foi filiada à Federação Interamericana de Associações de Relações Públicas. — O mesmo que Canadiam Public Relations Society.

SOCIAL — Termo que compreende todas as manifestações provenientes das relações entre seres humanos.

SOCIEDADE — Grupo de indivíduos entre os quais existem relações recíprocas. — Grupo ou agregado social que vive submetido às mesmas leis e cujas instituições fundamentais são determinadas por padrões culturais comuns.

SOCIEDADE ANÔNIMA — Sociedade comercial que tem o capital dividido em ações do mesmo valor nominal, limitando-se a responsabilidade dos sócios ao valor das ações subscritas; para a sua constituição a lei exige sete sócios no mínimo.

SOCIEDADE CIVIL — Sociedade que não tem por objetivo a prática de atos de comércio, lucro ou especulação.

SOCIEDADE DE ECONOMIA MISTA — Entidade dotada de personalidade jurídica de direito privado, criada por lei, para a exploração de atividade econômica, sob a forma de sociedade anônima, cujas ações com direito a voto pertençam, em sua maioria, à União ou à entidade da Administração Indireta (artigo 5º do Decreto-Lei nº 900).

SOCIEDADE POR COTAS — Sociedade Comercial em que o capital é dividido por cotas subscritas por seus sócios, que tem sua responsabilidade limitada ao valor das subscrições. — A firma ou denominação social dessa sociedade deve ser sempre seguida da palavra "limitada".

SOCIEDADE PORTUGUESA DE RELAÇÕES PÚBLICAS — A SOPREP foi fundada, em Lisboa em 8 de janeiro de 1968. É uma entidade filiada ao CERP desde 1969. Atualmente conhecida como Associação Portuguesa de Relações Públicas.

SOCORP — Sigla da extinta Sociedade Colombiana de Relaciones Públicas, membro-fundador da Federação Interamericana de Associações de Relações Públicas. Essa entidade promoveu a XI Conferência Interamericana de Relações Públicas, em Bogotá (1973).

SSPR — Sigla da Société Suisse de Public Relations, com sede em Berna, filiada ao CERP desde 1966.

STAFF — Ver *ASSESSORIA*.

STATUS — Posição ou prestígio social de uma pessoa em seu grupo ou do grupo na comunidade. — Posição que uma pessoa ou grupo mantém na consideração pública. — Pode ser econômico ou social; pode ser impreciso em certos aspectos, porém francamente definido em outros, dependendo das normas sociais ou de outras regras (Nels Anderson).

SUBSTITUIÇÃO — Forma pela qual o inferior hierárquico ocupa o cargo ou função do superior hierárquico, executando os atos de competência deste.

SUBSTITUTIVO — É uma proposta modificativa ampla, que visa à substituição da proposta principal no seu todo. — O substitutivo tem preferência regimental sobre todas as demais emendas.

SUBSTITUTO — Pessoa que entra no lugar de outra ou lhe faz as vezes, por um breve tempo.

SUBVENÇÃO — Auxílio pecuniário geralmente concedido pelos poderes públicos.

SUDAN PUBLIC RELATIONS SOCIETY — Entidade fundada em Cartum, no ano de 1972.

SUELTO — Breve comentário de jornal sobre assunto do dia. O mesmo que tópico.

SUGESTÃO — Persuasão originada em face de um estímulo social poderoso, que provoca a paralisação momentânea dos mecanismos de controle.

SUÍTE — Desenvolvimento de matéria publicada em um jornal em dia anterior. — Acomodação luxuosa em hotel ou hospital.

T

TABELA — Quadro indicativo de nomes de pessoas ou de coisas com a designação de espécie, preço, tamanho etc.

TABLÓIDE — Formato de jornal, menor que o tamanho padrão, geralmente tendo cinco colunas por página; cada página sendo ligeiramente maior do que metade do tamanho do papel padrão. — Periódico de cinco colunas e dezoito polegadas, ou seja, a metade do tamanho corrente dos jornais americanos.

TABULETA — Qualquer tábua pequena com dizeres destinados a ser lidos por todos.

TAREFA — Modalidade de trabalho paga por serviço executado. — Esforço dispendido para um propósito específico.

TARIFA — Custo previamente fixado para o transporte de passageiros ou carga. — Pauta de direitos alfandegários, para regular a entrada e saída de mercadorias de um país.

TAXA — Tributo pago ao poder público para a realização e manutenção de serviços específicos.

TAXIONOMIA — Classificação científica. — Parte da Gramática que classifica as palavras. — O mesmo que *SISTEMÁTICA*.

TÉCNICA — Utilização científica ou artística de recursos naturais para a satisfação das necessidades humanas. — Ciência ou arte aplicada. — Conjunto de processos que facilita a produção de alguma coisa.

TECNOPÓLIO — Sistema no qual a tecnologia de todos os tipos se sobrepõe às instituições sociais e à vida nacional tornando-se autojustificada, autoperpetuada e onipresente (Neil Postiman).

TELA — Retângulo branco no qual se projeta filme ou diapositivo; a tela pode ser de tecido, vidro ou metal. — Motivo de discussão.

TELEFONE — Veículo de Comunicação dirigida oral destinado a transmitir a distância a palavra falada para um grande número de pessoas em todo o mundo. — Suas vantagens: permite quase uma conversa "face-a-face"; proporciona resposta imediata: é rápido; obtém maior atenção e consideração. — Em Relações Públicas esse veículo de comunicação é dos mais utilizados pelas empresas e repartições públicas, nos contatos com os seus públicos. Daí a necessidade, hoje aceita, do treinamento para o correto atendimento telefônico a cargo de Serviço de Relações Públicas. — Atualmente as empresas de telecomunicações procuram ampliar e aperfeiçoar os serviços prestados, que começou com o aparecimento do telex (1960) e posteriormente com o telefac-símile e o telefone celular.

TELEGRAMA — Correspondência urgente e concisa pelo telégrafo.

TELEOBJETIVA — Instrumento óptico que permite a formação de imagens claras de objetos a grande distância.

TELESPECTADOR — Pessoa que assiste a um programa de televisão.

TELETIPO — Aparelho de comunicação utilizado pela imprensa e grandes empresas, que funciona à base de rádio-impulsos.

TELEX — Máquina de recepção e transmissão operada no sistema de microondas.

TELEVISÃO — Veículo de comunicação massiva que combina, harmoniosamente, a palavra escrita, a palavra oral, efeitos sonoros e imagem fixa ou em movimento. Suas vantagens: muito mais pessoal no apelo do que as palavras impressas ou transmitidas pelo rádio; variedade de assuntos. Desvantagens: custo alto; audiência relativa: informação perecível e exige atenção constante. — Nos circuitos fechados ou privados, pode servir de instrumento de treinamento para grande número de pessoas.

TELHA — Chapa de estereotipia curva ou na máquina rotativa.

TEMÁRIO — Conjunto de temas ou assuntos que devem ser tratados num congresso.

TENSÃO SOCIAL — Estado afetivo que resulta dos traumas e oposições reprimidas que se encontram nos grupos sociais. — Em geral, necessita um tempo considerável de desenvolvimento e é conseqüência da pressão dos grupos de interesse, por um lado, da diferença de tradições e de ignorância mútua, por outro, assim como de ação de líderes intrigantes ou sem competência e do influxo das forças do meio que como o clima, o solo desfavorável com a exigência de recursos, escapam ao domínio do homem (Galen M. Fischer).

TEORIA — Conhecimento metódico e sistematizado. — Parte especulativa de uma ciência ou arte. — Conjunto de definições verificadas.

TEORIA SOCIAL — Toda generalização relativa aos fenômenos sociais, estabelecida com o rigor científico necessário para que possa servir de base segura à interpretação sociológica (Henry Pratt Fairchild).

TERCEIROS ELEMENTOS — Transmissão de influências sem contato direto com a fonte que os gera. — Elementos de propagação alheios à relação direta com os sujeitos do processo que os ocupa, ou suas causas ou seus efeitos.

TERMO — Declaração registrada em qualquer ato processual. — Elemento de uma relação.

TERRITÓRIO — Região ocupada por um país, que constitui a base física do estado.

TESAURO — Vocabulário controlado e dinâmico de descritores.

TESE — Proposição que se apresenta para ser defendida em público, para a obtenção do título de doutor em uma Universidade.

TESTE — Amostra da opinião ou aceitação cuidadosamente selecionada através de uma área bem definida ou grupo cuidadosamente selecionado, sobre qualquer produto, evento ou questão. — Resultados tabulados, freqüentemente, servem como base para determinar a direção de uma campanha mais vasta. — Instrumento para medir capacidade ou aptidão de candidatos a emprego ou cargo. — Medida para avaliar a aceitação e a extensão de uma programação de Relações Públicas.

TEXTO — O corpo de qualquer material escrito. — Toda a matéria contida em um livro.

TIPO — Letra ou sinal empregado na escrita. — Cada um dos caracteres tipográficos fundidos.

TIPOGRAFIA — Arte de compor e imprimir com tipos. — Lugar onde se imprime.

TIRA — Retalho de pano, papel ou couro mais comprido que largo. — Parte de uma história em quadrinhos, geralmente formada de uma só faixa horizontal.

TIRA CONTÍNUA — Uma forma de publicidade que simula na aparência uma história em quadrinhos de jornal e conta uma história completa como seqüência de uma trama.

TIRA-LINHAS — Instrumento de metal que serve para traçar linhas de igual grossura.

TIRAGEM — Número de exemplares impressos de uma publicação.

TÍTULO — Palavra ou frase que encabeça o texto de um livro, notícia ou anúncio. — Todo papel representativo de um valor.

TOMADA — Filmagem de um plano dentro da realização de um filme. — Ramificação de uma instalação elétrica para o uso de qualquer aparelho elétrico.

TOMADA DE PREÇOS — Um dos tipos de concorrência pública entre interessados previamente registrados, observada a necessária habilitação.

TÓPICO — Ver *SUELTO*.

TRANSPARÊNCIA — Sinceridade no registro de erros ou omissões de informações. — Folha de superfície transparente com textos, gráficos, desenhos, mapas para projeção em retroprojetor.

TRANSMARKETING — Conjunto de atividades estabelecido em todas as providências que antecedem aos esforços de Marketing praticados pelas organizações em geral. Campo privilegiado da atuação das Relações Públicas, que propicia condições favoráveis aos esforços mercadológicos das empresas, evitando que problemas e controvérsias afetem os seus resultados econômicos. As Relações Públicas criam oportunidades à participação dos públicos nas decisões das organizações, sem a qual pode cessar o consumo de produtos e/ou serviços. Termo definido por Cândido Teobaldo de Souza Andrade, em matéria publicada em *O Estado de S. Paulo*, de 8 de outubro de 1991 (Waldyr Gutierrez Fortes).

TRABALHO DE CAMPO — Coleta de dados para uma pesquisa em bairros, cidades ou regiões.

TRABALHO DE CONCLUSÃO DE CURSO — É o trabalho teórico-prático desenvolvido pelos alunos para demonstrar e revisar seus conhecimentos, procurando prepará-los para a produção científica.

TRANSMISSOR — Ver *EMISSOR*.

TRANSLADO — Cópia escrita autenticada de documento oficial.

TREINAMENTO — É uma forma de educação, que visa a preparar o indivíduo para determinada atividade ou serviço. — Educação aplicada visando a dar ou adquirir capacidade para o exercício de uma atividade específica. — Conjunto de meios e processos, pelos quais um indivíduo é adestrado e aperfeiçoado na execução de determinada atividade ou tarefa (A. Fonseca Pimentel). — O treinamento de pessoal para exercer as atividades auxiliares de Relações Públicas, além do valor de servir no preparo de elementos para o trabalho de Relações Públicas, tem também, por si só, uma importância considerável tendo-se em vista que ele representa um autêntico instrumento de Relações Públicas.

TRIBUTO — Contribuição de pessoa física ou jurídica ou Estado, compreendendo três tipos: imposto, taxa e contribuição de melhorias.

TRICOMIA — Qualquer dos processos fotomecânicos que reproduzem as cores do original. — Estampa obtida por esse processo fotomecânico.

TRUQUE — Evento criado por um agente de marketing para fazer publicidade. — Todo processo para enganar ou escamotear, de forma hábil e rápida. — Denominação popular dada aos efeitos especiais de um filme cinematográfico.

TRUSTE — Associação de várias companhias com o fim de monopolizar o mercado, suprimir a livre concorrência e auferir a maiores lucros, com a elevação de preços.

TURKISH PUBLIC RELATIONS ASSOCIATION — Sociedade de profissionais e diplomados de Relações Públicas, fundada em Istambul (1972).

U

UNIÃO — Grupo de pessoas associadas para finalidade comum. — Organização política indissolúvel dos Estados e Territórios.

UNICIDADE — Unidade orgânica do movimento sindical, ou seja, a proibição de existir legalmente mais uma organização sindical da mesma categoria profissional na mesma base territorial.

UNIVERSIDADE — Centro de ensino superior, constituído de várias escolas destinadas à especialização profissional, à pesquisa e à prestação de serviços à comunidade.

UNIVERSO — É o todo pesquisado representado pela amostra. Também recebe o nome de "população".

UNIVERSO DE COMUNICAÇÃO — Ver *UNIVERSO DE DEBATES*.

UNIVERSO DE DEBATES — Para que possa haver discussão no público e assim formar realmente esse agrupamento elementar, é imprescindível que haja o denominado "universo de debates". Se os componentes do público em formação não possuírem uma linguagem comum, não tiverem habilidade de concordar no significado dos termos fundamentais e adotarem posições dogmáticas ou fanáticas, então não será possível o debate. É também chamado "Universo de comunicação".

USUÁRIO — Aquele que possui ou frui coisa ou serviço, por direito proveniente do uso. — Os usuários são classificados na categoria de público externo e são parte das empresas que levam a cabo serviços públicos, como por exemplo as de energia elétrica.

UTILITÁRIOS — Conjunto de programas de computador utilizados para manter, basicamente, o bom funcionamento do equipamento, como os antivírus.

V

VACÂNCIA — Tempo durante o qual um cargo ou emprego ou ofício permanente não está preenchido (João Luiz Ney).

VÁLIDO — Aquilo que é são. — Diz-se de um raciocínio ou argumento que tem valor demonstrativo (Carlos Lopes Mattos).

VALOR — Preço que uma coisa possui. — Qualidade do que se apresenta como desejável.

VARIÁVEL — Conjunto de resultados possíveis de um fenômeno casual. — Grandeza que tem diferentes valores sob diferentes condições.

VEÍCULO DE COMUNICAÇÃO — Tudo o que, deliberadamente, transmite ou conduz comunicação. Os veículos de comunicação podem classificar-se em: veículos de comunicação dirigida e veículos de comunicação massiva.

VEÍCULOS DE COMUNICAÇÃO DIRIGIDA — São os veículos que têm por objetivo transmitir ou conduzir comunicação para determinados tipos de públicos ou seções de um público. — Esses veículos podem dividir-se em: veículos de comunicação dirigida escrita: veículos de comunicação dirigida oral: veículos de comunicação dirigida aproximativa: veículos de comunicação dirigida auxiliar.

VEÍCULOS DE COMUNICAÇÃO DIRIGIDA APROXIMATIVA — São veículos que permitem estabelecer relações pessoais diretas entre a empresa ou instituição e um público ou segmento de um público, como por exemplo: visita à empresa ou a utilização do auditório da instituição.

VEÍCULOS DE COMUNICAÇÃO DIRIGIDA AUXILIAR — São os veículos que compreendem os denominados recursos ou auxílios audiovisuais, hoje intensamente empregados com objetivos educacionais e de divulgação.

VEÍCULOS DE COMUNICAÇÃO DIRIGIDA ESCRITA — São os veículos que têm por objetivo conduzir comunicação para um público ou segmento de um público, utilizando-se da palavra escrita, como por exemplo: carta ou periódico de empresa.

VEÍCULOS DE COMUNICAÇÃO DIRIGIDA ORAL — São os veículos de comunicação que têm por objetivo transmitir comunicação para determinado público ou parte deste, por meio da palavra oral, como por exemplo: as reuniões e o telefone.

VEÍCULOS DE COMUNICAÇÃO MASSIVA — São os que têm por finalidade transmitir ou conduzir informações para estabelecer comunicação rápida, universal e transitória com um grande número de pessoas heterogêneas e anônimas, como por exemplo o jornal e a televisão.

VEÍCULOS DE COMUNICAÇÃO SOCIAL — Ver *VEÍCULOS DE COMUNICAÇÃO MASSIVA*.

VEÍCULOS DE DIVULGAÇÃO — Ver *VEÍCULOS DE COMUNICAÇÃO*.

VENDA AVULSA — Número de exemplares de jornal ou revista efetivamente vendidos por bancas e jornaleiros.

VERBETE — Conjunto de vários significados referentes a um vocábulo, na organização de um dicionário.

VERIFICAÇÃO — Ato de confrontar uma coisa (objeto, idéia, teoria, hipótese etc.) com outra, para ver se é igual ou verdadeira (Carlos Lopes Mattos).

VIAGEM DE CORTESIA — Viagem oferecida ao pessoal da imprensa, baseada na necessidade de mostrar o que está distante dos centros, onde as empresas jornalísticas estão localizadas, como por exemplo uma nova fábrica ou um novo centro de pesquisas. Muitos periódicos recusam-se a aceitar o pagamento dos gastos de viagem por parte das empresas e o fazem a expensas próprias.

VINHETA — Ornamento tipográfico empregado na cercadura de texto impresso. — Pequenos desenhos que acompanham as ilustrações.

VIDEOCASSETE — Cassete com fita magnética gravada.

VIDEOCLIPE — Vídeo musical em imagens de grande interesse visual.

VIDEOFONE — Espécie de comunicação telefônica, que mostra a imagem do interlocutor.

VIDEOTEIPE — Fita plástica usada para registrar imagens de televisão associadas ao som.

VIDEOTEXTO — Texto enviado por linha telefônica para o vídeo de um televisor.

VIDEOTECA — Coleção de videocassetes. Local onde se guardam os videocassetes.

VÍRUS — Pequeno programa feito para modificar ou destruir arquivos e danificar programas. A multiplicação desses programas é diária. Usam-se os chamados "antivírus", autênticas vacinas para proteger o computador, seus componentes e programas do ataque de vírus.

VISITA — É o mais empregado veículo de comunicação dirigida aproximativa. Há grande vantagem nesse contato pessoal direto que se estabelece entre a organização e seus públicos. — O preparo e a realização da visita a uma empresa ou instituição devem obedecer a certas normas flexíveis em face do público convidado.

VISTO — Ato administrativo com que se dá por examinado ou verificado um documento escrito por outrem.

VISUAL — Veículo de comunicação, gráfico, pictórico ou fílmico, que estimula o sentido da visão, provocando a percepção visual. — A produção de um visual requer planejamento apurado, tendo em vista o que desejamos transmitir, a quem vamos transmitir e através de que meio.

VOLANTE — Folha impressa, com texto e/ou ilustração, que é distribuída em profusão. — Folha impressa, com matéria publicitária, para distribuição de porta em porta.

VOTAÇÃO — Conjunto de votos de uma reunião ou assembléia, que traduz a deliberação tomada.

X

XEROX (XEROGRAFIA) — Método eletrostático para produção de cópias.

XILOGRAVURA — Gravura em madeira. — Processo de gravação manual em madeira ou mesmo metal com buril.

Z

ZETÉTICA — Método de investigação para encontrar solução para problemas filosóficos ou matemáticos.

ZINCOGRAFIA — Processo metalográfico em que o zinco substitui a pedra litográfica.

ZINCOGRAVURA — Qualquer processo de gravura em zinco.

Bibliografia

ANDRADE, Cândido Teobaldo de Souza. *Como Administrar Reuniões.* 2. ed. São Paulo, Loyola, 1995.

BARBOSA, Saulo. *Vocabulário Prático Inglês-Português.* São Paulo Editora S.A., 1968.

BELTRÃO, Odacir. *Correspondência, Linguagem e Comunicação.* 12. ed., São Paulo, Atlas, 1969.

BENN, A. E. *Dicionário de Administração.* Belo Horizonte, Itatiaia, 1964.

CAMPIGLIA, G. Oscar. *Documentação: Noções de Reprografia.* Rio de Janeiro, Instituto Brasileiro de Bibliografia e Documentação, 1966.

CANEDO, Ronaldo Fernandes. *Dicionário de Vocábulos Empregados em Relações Públicas.* São Paulo, Escola de Comunicações Culturais (USP), 1968.

CESCA, Cleuza G. Gimenez. *Comunicação Dirigida Escrita na Empresa.* São Paulo, Summus Editorial, 1995.

CILIA, Juan. *Filosofia de las Relaciones Públicas.* Mar del Plata, Indecap, 1969.

CINTRA, Miguel Gonçalves de Ulhoa. *Como Participar de Assembléias.* Rio de Janeiro, Fundação Getúlio Vargas, 1967.

CRETELLA JÚNIOR, José. *Dicionário de Direito Administrativo.* São Paulo, José Bushatsky Editor, 1972.

DICIONÁRIO de Sociologia. Porto Alegre, Globo, 1961.

ELLIOTT, Florence. *Dicionário de Política.* Lisboa, Don Quixote, 1972.

FAGES, Pagano. *Dictionnaire des Média.* Paris, Maison Mame, 1971.

FOLHA DE S. PAULO. *Manual Geral de Redação.* 2. ed. São Paulo, Folha de S. Paulo, 1987.

GOMES, Luiz Souza. *Dicionário Econômico-Comercial e Financeiro.* 8ª ed. Rio de Janeiro, Civilização Brasileira, 1966.

KATZ, Chaim Samuel; DORIA, Francisco Antonio e LIMA, Luiz Costa. *Dicionário Crítico de Comunicação.* Rio de Janeiro, Paz e Terra, 1971.

KIELHORN, Ana Elizabeth. *Dicionário de Termos Políticos.* São Paulo, Iris, 1965.

GLOSSÁRIO de Termos Fotográficos. São Paulo, Centro de Treinamento KODAK, s.d.

LEÃO, Reynaldo Bezerra de Miranda. *Mini-Glossário de Administração Geral.* Manaus, Secretaria de Estado de Administração, 1976.

LESLY, Philip. *Lesly's Public Relations Handbook.* Englewood Cliffs (N.J.), Prentice-Hall Inc., 1971.

LÓPEZ, Humberto López. *Dicionário y Bibliografia de Relaciones Públicas.* Medellín, Editorial Universidad de Antioquia, 1967.

MATTOS, Carlos Lopes de. *Vocabulário Filosófico.* São Paulo, Leia, 1957.

MCCANN-ERICKSON PUBLICIDADE S.A. *Técnica e Prática da Propaganda.* Rio de Janeiro, Civilização Brasileira, 1961.

NEY, João Luiz. *Prontuário de Redação Oficial.* 2. ed. Rio de Janeiro, DASP, 1962.

OLIVEIRA, Cândido de. *Dicionário Mor da Língua Portuguesa.* São Paulo, Livro Mor, 1967.

OLIVEIRA, Paulo Gomes de. *Formação Jornalística.* Porto Alegre, Sulina, 1970.

PIERSON, Donald. *Teoria e Pesquisa em Sociologia.* 4. ed. São Paulo, Melhoramentos, 1955.

SANTOS, José Maria dos. *Glossário das Redações.* São Paulo, MacDonald's, s.d.

SILVA, Fenelon. *Documentação.* Rio de Janeiro, DASP, 1961.

PARTE 2

Glossário de Termos Anglo-Americanos

A

Abduct (to). Plagiar, raptar.
Abreaction Channels. Canais de descarga emocional, meios de desabafo.
Absense Rate. Coeficiente de faltas, porcentagem de ausências.
Acceptance. Montante de recursos de diversos investidores para sua aplicação em fundos de crédito, concordância.
Accident Proneness. Predisposição para acidente, propensão para desastre.
Account. Relatório de negócios, conta de propaganda.
Account Executive. Contato, encarregado da ligação entre o cliente e a agência de propaganda.
Act of God. Ato de Deus, força maior.
Act Upon (to). Agir de acordo com, influenciar.
Actual Price. Preço real, custo efetivo.
Ad. Anúncio, reclame.
Ad-Lib (Ad Libitum). Falar de improviso, interpolar (num discurso ou palestra).
Adman. Publicitário, agente de publicidade.
Administrative Ability. Aptidão administrativa, capacidade de administrar.
Advanced Canvas. Série de visitas aos revendedores e varejistas para obter apoio para uma pequena campanha promocional a ser lançada.
Advertise (to). Noticiar, anunciar.
Advertisement. Anúncio, reclame.
Advertsing. Propaganda, notícia, em forma de anúncio.
Agency. Agência, firma.
Agitprop. Agitador de propaganda subversiva, agente provocador.
Agreement. Convênio, acordo.
Air Brush. Aparelho para retocar fotografias, aerógrafo.
Air Lift. Serviço aéreo intenso entre duas cidades. Ponte aérea.
Alderman. Vereador, secretário municipal.

All-Expense. Com todas as despesas pagas, sem despesas.
Anchoman. Jornalista que faz ligações entre assuntos de uma notícia, Ancorador de telejornal.
Angel. Patrocinador de espetáculos, promotor financeiro.
Announcement. Publicação, aviso.
Announcer. Apresentador, locutor.
Annual Report. Relatório anual, relatório público.
Applicant. Candidato, solicitante (de emprego).
Apply-At (to). Apresentar-se, dirigir-se.
Approach. Aproximação, enfoque de um tema, motivação inicial.
Armchair Decision. Decisão de gabinete, resolução *a priori*.
Articulatenness. Precisão, clareza.
At Odds. Em desacordo, malquisto.
Attendent. Assistente, zelador.
Auction. Hasta pública, leilão.
Audience. Assistência, auditório.
Audio-Visual Aids. Auxílios audiovisuais, recursos audiovisuais.
Average. Média, proporção.
Award. Prêmio, decisão arbitral.

B

Babbler Mouth. Tagarela, falastrão.
Baby Kisser. Demagogo, publícola.
Back. Dorso, lombada de livro.
Back Cover. Quarta capa, capa traseira.
Backdrop. Cortina de fundo de cenário, pano de fundo no teatro.
Background. Experiência, fundo musical.
Backgrounder. Documento preparado para auxiliar editor ou escritor.
Back Issue. Número atrasado de jornal ou revista.
Backlights. Painéis luminosos de diferentes tamanhos com fotografias referentes à atividade da empresa, colocados em diversos pontos da organização.
Backprojetion. Retroprojeção, projeção posterior.
Backslapper. Político adulador, folgazão.
Back Up. Folha impressa de um lado que está sendo impressa no verso.
Ballot Box. Urna eleitoral, urna inviolável.
Ballyhoo. Propaganda barulhenta, sensacionalismo.
Ballowstar. A mais rápida das lentes de TV ou cinema.
Band. Faixa de onda, anúncio em rodapé de jornal.
Banner. Bandeirola para promoção de vendas, estandarte.

Banner Head. Manchete grande ocupando todo o alto da página do jornal.
Bannerol. Bandeirola, flâmula.
Bar. Barra, lista.
Bargain Basement. Subsolo de liquidação, pavimento de liquidação.
Basic Research. Pesquisa de base, pesquisa científica.
Batch. Coleção, lote.
Beat. Área de trabalho de um repórter, reportagem exclusiva.
Behaviour (Behavior). Modo de ação, comportamento.
Best-Seller. Êxito de livraria, o mais vendido.
Bias. Tendência, preconceito.
Bid. Proposta orçamentária, convite.
Bidding. Convocação para vagas, artifício de recrutamento.
Big Business. Grandes negócios, poderosos trustes.
Big Ham and Egger. Grande parlapatão, "joão-ninguém" com pose de grande homem.
Big Shot. Ricaço, capitão de indústria.
Bill (to). Anunciar (propaganda), publicar.
Billboard. Tabuleta, quadro para afixar cartazes ou avisos.
Billing. Faturamento, ação de faturar.
Bit. Dígito binário, unidade mínima de medida de informação.
Black-Box. Caixa de processamento, linha de montagem.
Blank. Formulário para telegrama, espaço a preencher, enfadonho.
Bleed. Papel impresso sem margem, anúncio fora-a-fora.
Blooper. Fiasco público, aparelho de rádio que gera interferência na vizinhança.
Blow Up (to). Ampliar uma peça visual por reprodução fotográfica, ficar irritado.
Blue Book. Livro-registro de pessoas gradas, registro de personalidades.
Blue Chip. Ação de alta rentabilidade, ficha de alto valor em jogo de azar.
Blue Collar Worker. Operário, trabalhador.
Blueprint. Fotocópia, projeto.
Bobble. Engano, sacudidela.
Bogey (Bogie). Padrão de produção, número de lances em golfe.
Boiling-Point. Ponto de explosão, clímax.
Bond. Ação, título comercial.
Bondholder. Acionista, investidor.
Booking. Marcação, registro.
Booklet. Livreto, folheto.
Book Stand. Móvel para exposição de livros. Palanque para livros.

Bookworm. Traça (de livros), "rato de biblioteca".
Boom. Propaganda política, "girafa", alta de preços repentina, surto.
Boomerang. Propaganda que se volta contra aqueles que a lançaram, arma australiana.
Booster. Impulsionador, amplificador.
Bootlicker. "Puxa-saco", bajulador.
Borrower. Tomador de empréstimo, usuário.
Bottom Dollar. Último dólar, último níquel.
Box. Espaço em jornal separado por linhas, caixa postal.
Brainstorming. Reunião de criação de idéias, sessão de criatividade.
Brain Trust. Grupo de assessores, truste de inteligências.
Brand. Marca de fábrica, marca registrada.
Brand Image. Imagem do produto, reputação do produto junto aos consumidores.
Brand-New. Novo em folha, visivelmente novo.
Brass Tacks. Fundamento, essencial.
Break. Intervalo para recreio, breve repouso.
Brief. Sumário, texto condensado.
Briefing. Instruções resumidas, reunião de instrução, informações sobre um produto.
Bring Out (to). Exibir, publicar.
Bring Together (to). Reconciliar, pôr-se de acordo.
Board-Meeting. Reunião de diretoria, encontro de diretores.
Broadcast. Programa radiofônico, atividades radiofônicas.
Broadcasting. Radiodifusão, irradiação.
Broadside. Impresso com a finalidade de ser lido rapidamente, volante impresso de um só lado.
Boadsider. Diretor de empresa muito cabotino.
Brochure. Brochura, opúsculo.
Browse (to). Ler livros ao acaso, folhear livros.
Browse Through (to). Dissecar, mastigar.
Brunch. Merenda matinal, pequena refeição entre o café da manhã e o almoço.
Budgest (to). Orçamentar, prever em orçamento.
Budgetary Control. Controle orçamentário, gestão orçamentária.
Bug. Dispositivo para interceptar telefonemas, defeito.
Build (to). Construir, formar.
Buildup. Concentração de esforços, campanha de propaganda.
Build Up (to). Fazer o "cartaz", criar imagem favorável.
Build Upper. O que se dedica a fazer o "cartaz", promotor de celebridades.

Bulletin. Boletim, comunicado.
Business. Negócio, entidade comercial ou industrial.
Business Game. Jogo de empresas, reunião instrutiva.
Buss as a Bee. Atarefadíssimo, ocupado como uma abelha.
By-Laws. Estatutos, regulamentos.
Bystander. Espectador, não-comprometido.
Byte. Equivale a 8 bits agrupados representando um caractere (letra, número ou símbolo).

C

Cake-Eater. "Pão-de-ló de festa", molenga.
Call Out (to). Anunciar, convocar.
Call Up (to). Telefonar, evocar.
Call Upon (to). Rogar, exortar.
Calling-Card. Cartão de visita, tarjeta.
Camera. Câmera de TV, máquina fotográfica ou cinematográfica.
Cameraman. Operador de câmera de TV ou de filmadora.
Campaign. Campanha, conjunto de operações.
Candid Camera. Objetiva de proporções diminutas para tirar fotografias ridículas.
Canvass. Debate, cabala de eleitores.
Caps (Capital Letters). Letras maiúsculas, papel de 35,5 por 43 cm.
Caption. Legenda de ilustração ou de filme, título de artigo ou de capítulo de livro.
Car-Card. Pequeno cartaz em veículos coletivos.
Car Pool. Revezamento de condução entre vizinhos, "lotação" entre amigos.
Carcer. Profissão, profissional de carreira.
Carrot. Cenoura, chamariz.
Carry On (to). Continuar, exercer um trabalho ou cargo.
Carry Over. "Ressaca", transporte.
Cartoon. Caricatura, desenho animado.
Case History. Exemplo vivido, caso real.
Case History Files. Caixa de arquivo histórico, fichário de casos reais.
Catalogue (Catalog). Catálogo, anuário (de universidade).
Catchpole. Oficial de justiça, meirinho.
Catchword. Deixa (teatro), palavra-chave de frase de propagandas, frase lapidar.
Catch Up (to). Apoderar-se de, interpelar.
Catering. Fornecimento de comidas prontas, bem como de serviços.

Caucus. Convenção local de partido político, reunião preliminar para a escolha de candidato numa agremiação política.

Ceiling-Price. Preço-teto, preço máximo permitido pelo governo.

CD-Rom. É um disco igual ao CD de música, que tem a capacidade de armazenar 600 megabytes de informação, o equivalente a 250.000 páginas impressas.

Chair. Presidência, cátedra.

Chairman. Presidente de sessão ou de conselho, dirigente.

Channel. Canal, faixa de freqüência de TV.

Chap. Companheiro, freguês.

Chapter. Seção de uma associação, capítulo.

Chart. Gráfico, quadro.

Charter. Carta-patente, alvará, vôo fretado.

Charter-Member. Sócio fundador de clube, associação etc.

Chats. Grupos de "bate-papo", por meio de texto, criado em BBSs, mediante computadores.

CHD. Abreviação de "child", criança.

Cheap Jack. Barateiro, vendedor que não obedece às regras do comércio.

Check (to). Conferir, rubricar.

Checkin. Apresentação do passageiro para embarque em um vôo ou na recepção de um hotel.

Checking. Verificação, controle de anúncios.

Checking-Copy. Comprovante de publicação.

Checkoff. Desconto de contribuição.

Cheesecake. Fotografia de beldades, foto de misses.

Chickin Feed. Ninharia, bagatela.

Chip. Pastilha, lasca, ficha de jogo.

Chip in (to). Dar uma contribuição. Fazer uma "vaquinha".

Chitchat. "Bate-papo", "conversa mole".

Chroma-Key. Processo eletrônico utilizado em TV, para inserir uma imagem em outra gravada anteriormente, dando a impressão de dois planos.

Chronic Dissenter. Pessoa do contra, opositor contumaz.

City Court (City Council). Conselho municipal, edilidade.

Classified Advertisements. Anúncios classificados, anúncios pequenos, anúncios.

Clearance Sale. Liquidação total, liquidação final.

Clearinghouse. Agência que se encarrega de classificar e distribuir notícias, câmara de compensação.

Clip. Prendedor de papéis, filme que complementa notícia em telejornal.

Clip (to). Cortar notícias de jornal, recortar.

Clipping. Recorte de jornais, notícias recortadas de periódicos.
Clock Card. Cartão de ponto, cartão para relógio de ponto.
Closet. Sala reservada, armário, depósito.
Close-Up. Tomada de imagem em primeiro plano, geralmente o rosto.
Closing-Date. Hora de fechamento de jornal, o mesmo que *deadline*.
Clousure. Encerramento, conclusão de discussão.
Cluster. Aglomeração de lojas do mesmo ramo de atividade, enxame, cacho.
Clutter. Bombardeio de propaganda, confusão, fazer barulho.
Coffee-Break. Pausa no serviço ou reunião para um café completo.
Combo. Pequeno conjunto musical, mini-orquestra de dançar.
Comic Strip. História em quadrinhos, série de desenhos.
Commodity. Mercadoria, produto.
Communicative Skills. Destreza comunicativa, facilidade de comunicação.
Communion. Participação, comunhão.
Community. Comunidade, grupo de habitantes.
Community Chest. Fundos para a assistência social da comunidade, dinheiro coletado para a comunidade.
Competidor. Concorrente, competidor.
Company Publications. Literatura da empresa, publicações da companhia.
Concept. Conceito, idéia.
Confer (to). Conferenciar, outorgar.
Conference. Participante de conferência, membro ativo de conferência.
Conference. Reunião, entrevista.
Conference Report. Relatório de reunião, resumo dos pontos discutidos.
Connections. Clientela, freguesia.
Consensus Man. Homem de acordos, conciliador.
Consultant. Consultor, consulente.
Consumer. Consumidor, gastador.
Contact (Man). Contato, homem de ligação da agência de propaganda com o cliente.
Container. Cofre de carga para transporte, caixa padronizada em estrutura de aço ou alumínio.
Contest. Competição, demanda, litígio.
Context. Contexto, encadeamento.
Contraption. Dispositivo, geringonça.
Convey (to). Comunicar, tornar conhecido.
Cook Up (to). Forjar, tramar.

Copy. Original, exemplar de livro, jornal ou revista.
Copy Desk (Copy-Reader). Reescrevedor, noticiarista.
Copyright. Direitos autorais, propriedade literária.
Corner (to). Açambarcar o mercado, dominar o mercado.
Corporate. Associado, incorporado.
Corporation. Corporação, companhia.
Counsel (to). Orientar, aconselhar.
Counselling. Orientação técnica para conhecer a atitude dos empregados.
Counsellor. Orientador, ouvidor.
Counter Card. Cartaz com o preço e a amostra do produto, material de ponto de venda.
Courtier. Cortesão, bajulador.
Cover. Cobertura, capa de livro, envelope.
Cover (to). Cobrir, fazer reportagem.
Coverage. Cobertura, zona de circulação de um anúncio.
Cowcatcher. Comercial que antecede um programa de rádio ou TV, limpa-trilhos.
Crack Down (to). Tomar medidas severas, restringir.
Crape-Ranger. Desmancha-prazeres, "estraga-festas".
Cropping. Alteração das proporções ou do tamanho de uma ilustração.
Cross Communications. Comunicações cruzadas, comunicações híbridas.
Cross Heading. Título de página, título de coluna.
Cross Section. Seleção por estratos em pesquisa, amostra por grupos representativos.
Cross-Size. Formato em largura (em jornal).
Crowd. Ajuntamento, reunião tumultuosa.
Cry. Pregão, alarido.
Cue. Introdução de tema musical após determinada cena, "deixa".
Curtain Call. Chamada dos artistas para os aplausos da platéia, chamado à cena.
Cushy Job. Trabalho fácil, tarefa agradável.
Customer. Cliente, freguês.
Cut. Corte para montagem de filme, clichê.
Cut Back (to). Reduzir, minguar.
Cutline. Legenda de ilustração, legenda abaixo de foto em jornal ou revista.

D

Data. Dados, pormenores.

Date. Data, entrevista.
Day-Glo. Tinta fosforescente, tinta luminosa.
Deadbeat. Caloteiro, filante.
Deadheading. Tempo inativo, tempo adicional para o transporte do empregado.
Deadline. Hora de encerramento de qualquer atividade, fechamento da edição de jornal.
Dead-Pan. Fisionomia impassível, "cara-de-pau".
Dealer. Pequeno comerciante, varejista.
Dealer-Help. Material de propaganda para os varejistas.
Deal With a Subject (to). Tratar de, falar ou escrever sobre um assunto.
Debrief (to). Interrogar, avaliar resultados.
Decision-Making. Processo decisório, tomada de decisão.
Decke-Edge. Borda tosca de papel não-cortado, imitação dessa borda.
Deletion. Rasura, supressão de palavras escritas.
Demand. Exigência, reclamação.
Demotion. Rebaixamento de posto, privação de dignidade.
Depth Interview. Pesquisa de profundidade, pesquisa motivacional.
Design. Desenho, projeto.
Develop (to). Noticiar, revelar um filme.
Development. Resultado, explanação.
Device. Projeto, modelo (de marca registrada).
Dial. Mostrador, painel.
Digging. Busca, pesquisa.
Dimmer. Regulador de luz, equipamento que muda a intensidade das luzes nas filmagens.
Direct Home TV. Sistema moderno de televisão com imagens e áudio transmitidos digitalmente no satélite; a recepção é feita por uma miniparabólica (60cm).
Direct Mall. Mala direta, mala postal dirigida.
Directory. Guia, anuário.
Dirt. Informação confidencial, mexerico.
Disagree (to). Discordar, divergir.
Disclousure. Nota de rodapé no relatório de auditoria ou de balanço publicado, divulgação.
Dish. Antena em forma de guarda-chuva, que envia e recebe sinais.
Display. Mostra, pequeno cartaz para balcão.
Display Windom. Vitrine, escaparate.
Do the Trick (to). Fazer truque, alcançar o objetivo.
Dodger. Volante (impresso), papelucho de propaganda.

Dole. Salário-desemprego, subsídio de desemprego.
Dolly. Câmera de TV montada sobre rodas, carrinho para câmera de TV ou filmadora.
Dope. Informação confidencial, entorpecente.
Down Payment. Entrada de pagamento, primeiro pagamento.
Downtime (Dead Time). Tempo ocioso, tempo morto.
Draft. Esboço, projeto, recrutamento militar.
Draw Up (to). Redigir, formular.
Drawing-Room. Salão de recepção, pessoas presentes à recepção.
Dressed to Kill. Vestido com esmero, elegante.
Drive. Campanha, atividade.
Driveship. Condução, alvo.
Drop. Notícia curta, pequena notícia inserida graciosamente nos jornais.
Drum Major. Baliza, líder de banda.
Dub (to). Dar um apelido, colocar som em filme.
Due Date. Data de vencimento, dia de vencimento.
Dummy. Espelho de composição, testa-de-ferro.
Dumping. Liquidação de mercadorias supérfluas, venda abaixo do custo para forçar o mercado.
Dustbin. Revista do lixo, exame das cestas de lixo.
Dustup. Briga, contenda.

E

Earned Rate. Taxa de rendimento, rendimento efetivo.
Earth Station. Antena usada para transmitir ou receber sinais de satélite.
Earshot. Alcance da audição, distância atingida pela voz.
Easy Money. Dinheiro obtido a juros baixos, dinheiro barato.
Editing. Montagem, colar trechos de filme.
Editor. Redator, jornalista encarregado.
Eleemosynary Institution. Instituição que é sustentada pela caridade pública, entidade filantrópica.
Em. Medida tipográfica, quadrado de qualquer tamanho.
Emcee. Animador de rádio e TV, mestre de cerimônias.
Emmy. Prêmio de televisão nos Estados Unidos.
Employee. Empregado, funcionário.
Employeeship. Ato do empregado assumir responsabilidade e poder dentro da empresa por meio de delegação ou credenciamento.
Employer. Empregador, patrão.
Empowerment. Ato de delegar poderes e responsabilidades a empregados da empresa.

Endorsement Racket. Recomendações de um produto inseridas como anúncio, endosso publicitário por parte de pessoas gradas.
Engage (to). Empregar, reservar lugares.
Engineer (to). Engendrar, projetar.
Enterprise. Empresa, empreendimento.
Enterprising. Empreendedor, ativo.
Enter Under (to). Pôr em manchete, usar como cabeçalho.
Erase (to). Apagar gravação, remover material gravado.
Escort. Acompanhante, escolta.
Evaluation. Avaliação, estimativa.
Event. Acontecimento, evento.
Executive. Dirigente, chefe.
Exhibition. Mostra, exibição.
Exit Interview. Entrevista de saída, entrevista de despedida.
Expense Account. Conta de despesas, relatório de despesas a serem pagas.
Expert. Técnico, perito.
Exquisite. Requintado, primoroso.
Extra Duty. Obrigação extra, responsabilidade secundária.
Exurb. Vila situada à margem da periferia de uma cidade, pequena comunidade além dos subúrbios.

F

Fabric. Tecido, pano.
Face of Firm. Imagem da firma, prestígio da empresa.
Facilities. Equipamento, instalações.
Facility. Oportunidade, fluência.
Facility Visit. Visita de cortesia, visita de propaganda.
Factories Act. Lei de proteção no trabalho, lei sobre segurança dos operários.
Factual. Real, verídico.
Fade-In. Aumento de volume no rádio, aparecimento gradual de imagem na TV.
Fade-Out. Diminuição de volume no rádio, desaparecimento gradual da imagem na TV.
Fair Play. Lealdade, jogo honesto.
Falling-Out. Desentendimento, discussão.
Fashion Show. Exibição de moda, desfile de modas.
Fast and Easy Buck. Dinheiro ganho facilmente, dinheiro fácil.
Feature. Figura mais destacada, filme de longa metragem, texto especial que não se limita a informação.

Feature (to). Exibir filme, realçar.
Fee. Honorários, taxa livre de serviços profissionais.
Feedback. Retroalimentação, realimentação, refluxo.
Fellow. Associado, sócio.
Fiber Optics. Tecnologia para transmitir voz, imagem e dados por impulsos digitais de luz por meio de vidro flexível.
File. Arquivo, fichário.
Filler. Pequena notícia para completar a composição de uma página de jornal, calhau.
Fill-In (to). Preencher, satisfazer requisitos.
Film Library. Filmoteca, arquivo de filme.
Film Maker. Cineasta, produtor ou diretor de filme.
Film Strip. Diafilme, dispositivos em filme.
Finder. Visor de máquina fotográfica ou de filmar, inventor.
Fine. Excelente, admirável, multa.
Fine Cut. Corte final de filme, corte fino ou apurado.
First-Rate. Da mais alta cotação, de primeira.
First Shift. Primeiro turno, primeira turma de trabalho.
Fixture. Armação, instalação.
Flair. Aptidão, tino.
Flag. Bandeira, bandeirola, laje de calçamento.
Flash. Clarão rápido, notícia curta
Flashback. Registro de fato já ocorrido num romance ou filme.
Flick. Piparote, filme.
Flier (Flyer). Volante (impresso), especulação financeira.
Flip. Verboso, irreverente.
Flip-Book. (Flip-Cards). Álbum seriado, material gráfico.
Flip-Chart. Conjunto de cartazes móveis, auxílio visual com cartazes.
Floating-Capital. Capital circulante, capital de giro.
Flow Chart. Gráfico de circulação, fluxograma.
Fly-Leaf. Primeira página, frontispício.
Folder. Folha dobrada impressa com mensagem institucional ou de promoção de vendas, prospecto de vendas dobrado (quatro páginas), desdobrável.
Follow-Up. Seqüência, acompanhamento de trabalho.
Foolscap. Papel almaço, papel de 35 por 45 cm.
Footing. Suporte para os pés, base, caminhada.
Foot-Note. Nota ao pé da página, nota em rodapé.
Foreman. Contramestre, capataz.
Forestal (to). Prevenir, atravessar (mercados).

Form. Circular impressa, etiqueta.
Fortprint. Área geográfica coberta por qualquer canal de satélite, pegada.
Foul-Copy. Borrão, rascunho.
Frame. Fotograma, quadro cinematográfico.
Frame-Up. Centralização da objetiva de TV ou cinema, trama.
Franchise. Privilégio, licença comercial.
Free Lance. Bico, trabalho extraordinário especialmente encomendado.
Free Lancer. Trabalhador autônomo, artista independente, frila.
Free Lance Writer. Articulista avulso, escritor independente.
Fringe Area. Área exterior de um determinado ponto, área fronteiriça de uma atividade ou processo.
Fringe Benefits. Benefícios aos empregados, seguro de vida ou de saúde.
Frisk (to). Pular, fazer reinações, revistar pessoas em busca de armas.
Frontman. Recepcionista, porteiro.
Full Professor. Professor catedrático, professor titular.
Fulltime. Tempo integral, tempo completo.
Fund-Raising. Levantamento de fundos, arrecadação de fundos.
Funnies. História em quadrinhos, seção de jornal dedicada a essas histórias.

G

Gag. Evento criado, acontecimento preparado.
Gagman. Redator de programas humorísticos (em rádio e TV).
Gainful. Lucrativo, bem remunerado.
Gate-Crasher. "Penetra", visitante não convidado, "furão".
Gate Interview. Entrevista de despedida, entrevista de saída do empregado.
Gateckeeper. Controlador de informação, censor.
Gate Money. Renda de bilheteria, arrecadação de espetáculos.
Gates. Arrecadação de bilheteria, número de pessoas que assistem a um espetáculo.
Gauging. Aferição, inquérito.
Gentlemen's Agreement. Acordo de cavalheiros, pacto de homens de palavra.
Get Abroad (to). Divulgar-se, propalar-se.
Get Along (to). Dar-se bem, progredir.
Get Back (to). Reaver, recuperar.
Get Back on (to). Quebrar um juramento, trair.
Get Wind of (to). Tomar conhecimento de, ficar sabendo de.

Ghost Writer. Escritor que escreve para outras pessoas como se o texto fosse delas, escritor-fantasma.
Ginmick. Truque publicitário, ardil de publicidade.
Giveaway. Programa onde são distribuídos prêmios, revelação de um segredo.
Give a Lift (to). Dar carona, dar auxílio.
Give Out (to). Publicar, pôr em circulação.
Go Over (to). Revisar, estudar cuidadosamente.
Go Show. Embarque em vôo mediante lista de espera.
Goods. Mercadorias, artigos.
Goodwill. Reputação, bom nome.
Goof. Bobo, tolo.
Goon. Terrorista, valentão profissional.
Gossip. Maledicência, mexerico.
Grantee. Outorgante, cessionário.
Grass Roots. Membros dispersos num país ou região com opinião, detentores de opinião.
Grate-Folder. Página impressa maior que a revista onde está colocada, encarte.
Gravy Job. Serviço leve bem remunerado, mamata.
Grip. Ajudante de estúdio de TV, ajudante de palco.
Grip the Masses. Empolgar as massas, atrair a atenção.
Gross Interview. Entrevista grosseira, entrevista empírica.
Ground. Fundamento, motivo.
Ground Swell. Ondas de opinião pública.
Grow Up (to). Chegar à maturidade, tornar-se adulto.
Guidance. Orientação, direção.
Guide-Book. Guia, manual.
Guild (Gild). Associação, entidade.
Guffing Off. Embromação, "fazer cera".
Gutter Paper. Jornal de sarjeta, jornal escandaloso.

H

Hack. Literato profissional, mercenário.
Hacher. Usuário de informática com grande conhecimento do assunto, que costuma vasculhar computadores sem a devida autorização de acesso.
Halftone. Autotipia, processo de reprodução fotomecânica.
Hand-Picked. Escolhido a dedo, selecionado cuidadosamente.
Handbill. Folheto, boletim de propaganda.
Handbook. Manual, guia.

Handicap. Vantagem ou desvantagem concedida, obstáculo.
Handout. Comunicado para imprensa, declaração oficial para imprensa.
Handshaker. Recepcionista, apertador de mão.
Hank-Spanky. Chique, elegante.
Happy Hour. Hora de aperitivo ou chope.
Hard-Core. Fanático, "linha-dura".
Hard News. Notícias desagradáveis, notícias de violência, notícias toscas.
Hardware. Mecanismo, canais de comunicação, computador.
Have Full or Free Scope (to). Ter "carta branca", ter ampla liberdade para agir.
Headging. Operação efetuada para proteção contra prejuízos de outra operação.
Headline. Cabeçalho, manchete.
Headquarters. Sede, matriz.
Hearing. Audição, audiência.
Hearsay. Boato, rumor.
Hem In (to). Confinar, encurralar.
Highbrow. Pessoa que se julga entendida, sabichão.
Highfalutin. Pretensioso, bombástico.
Highlighting. Destaque, realce.
Histogram. Histograma, representação gráfica das distribuições de freqüência.
Hit. Sucesso, impacto.
Hoax. Logro, brincadeira.
Hobby. Passatempo, mania.
Holding Company. Companhia que controla outras por meio de ações, sociedade-teto.
Holography. Holografia, reprodução fotográfica tridimensional obtida por meio de raio *laser*.
Home Page. "Página" colocada na Internet que leva diferentes tipos de mensagem desde as institucionais até a TV Interativa, com possibilidades comerciais, de pesquisa, de notícia etc.
Honours List. Lista de condecorações, registro de pessoas com mercês honoríficas.
Hoockup. Cadeia de rádio ou TV, rede de emissoras.
Hootenannie. Reunião social informal, reunião de amigos com música.
House-Organ. Periódico de empresa, jornal interno.
Horse-and-Buggy. Antiquado, obsoleto.
Horse Opera. Filme de *far-west*, fita de *cow-boy*.
Horse Sense. Bom senso, senso comum.
Hourglass. Ampulheta, relógio de areia.

Huckster. Vendedor ambulante, publicitário.
Huddle. Ajuntamento confuso, conferência secreta.
Hunt-and-Peck (to). Datilografar lentamente, "catar milho" na máquina de escrever.

I

Idle Time. Tempo ocioso, horas vagas, tempo disponível.
Image. Imagem, símbolo, figura de retórica.
Impersonator. Intérprete, ator.
Implement. Instrumento, utensílio.
Implementation. Execução, cumprimento.
In-Basket Training. Treinamento de arremesso à cesta, luta contra a papelada.
In Print. Livro ou edição não esgotado.
Industrial Relations. Relações industriais, administração de pessoal.
Info. Informações especiais, instruções.
Informal. Sem cerimônia, traje de passeio.
Information. Informações, informes.
Ingenious. Habilidoso, engenhoso.
Ingenuous. Ingênuo, sincero.
Input. Informação colocada em um sistema de processamento de dados, entrada.
Inquiry. Consulta, averiguação.
INS. Abreviatura de International News Service.
Inset (Insert). Suplemento, estampa (fora do texto).
Inside Cover. Capa interna de revista ou livro.
Insight. Discernimento, intuição, criatividade.
Instance. Exemplo, caso.
Interface. Um conjunto de regras que definem como dois dispositivos de computador podem comunicar-se entre si.
Internship. Estágio, internamento.
Internet. Circuito de comunicação de uma empresa.
Interview. Entrevista, conferência.
Intimate (to). Insinuar, declarar.
Invest (to). Aplicar capital, investir.
IOU (I Owe You). Vale-sigla usado em documento de reconhecimento de dívida, título de dívida.
Issue. Tiragem exemplar, tema de discussão, controvérsia pública.
Issue (to). Publicar, expedir.
IT (Inclusive Tour). Viagem paga totalmente, inclusive gorjetas.

Italics. Tipo especial de impressão gráfica, tipo itálico.
Item. Artigo, comentário de jornal.
Ivy League. Universidades norte-americanas que gozam de grande prestígio.

J

Jaw (to). Tagarelar, soltar palavrão, mexericar.
Jerry Union. Firma sem controle, firma desorganizada.
Jet Set. Alta roda, elite.
Jingle. Disco de propaganda com música, comercial musicalizado.)
Job. Serviço, tarefa, negociata.
Job Rotation. Tipo de treinamento para o empregado aprender em várias áreas de serviço, versatilidade profissional.
Jobber. Grande comerciante, atacadista.
Jog (to). Sacudir, estimular a memória.
John. Reservado, particular.
John Bull. O povo inglês.
John Doe. João-ninguém, fulano de tal.
Joint Venture. Companhia fundada por duas outras, já existentes com finalidade e duração limitadas.
Journal. Revista especializada, periódico especializado.
Journalese. Jargão jornalístico, frases feitas usadas no jornalismo medíocre.
Jumbo. Muito grande, tipo de avião.
Junk. Cesto de lixo, refugo.
Junket. Viagem graciosa para jornalistas, viagem paga pelo Erário.
Junking. Gasto inútil, desperdício.

K

Keep Up (to). Manter-se informado, continuar.
Key-Note. Orador principal, conferencista de painel.
Key-Question. Pergunta-chave, pergunta fundamental.
Kickback. Suborno, retenção de parcela salarial.
Kid Stuff. Coisa para criança, coisa muito simples.
Kinescope. Gravação em filme de propaganda de TV, tubo fluorescente de TV.
Kink. Excentricidade, veneta, torcicolo.
Kit. Jogo de implementos, equipamento de viagem.
Knack. Bossa, aptidão.

Knob. Botão de aparelho de rádio ou televisor, maçaneta.
Know-All. Sabe-tudo, sabichão.
Know-How. Experiência, sistema de operar, tecnologia.

L

Labor Market. Mercado de trabalho, oportunidade de emprego.
Lap Up (to). Comer ou beber, recepcionar entusiasticamente.
Lapel Button. Distintivo de lapela, botão promocional.
Laser. Feixe de raios com luz monocromática, muito intensa, que se faz pelo estímulo de um campo interno.
Latitude. Amplitude, liberdade de pensamento.
Launch (to). Lançar uma campanha, lançar um livro.
Layout. Esboço de um anúncio, desenho ou outra peça publicitária, distribuição física de elementos num determinado espaço.
Lead. Primeiro parágrafo de uma notícia de jornal, parágrafo inicial.
Lead (to Have the). Superar nas vendas, estar na vanguarda.
Lead-time. Tempo total decorrido para fabricar um produto.
Leader. Líder, editorial.
Leaderette. Suelto, tópico.
Leading Question. Pergunta que sugere resposta, pergunta tendenciosa.
Leaf. Folha (duas páginas), pétala.
Leaflet. Panfleto, fascículo de quatro páginas.
Leak Out (to). Tornar público, divulgar clandestinamente.
Lease. Arrendamento, locação.
Lecture. Conferência, palestra.
Legal Adviser. Consultor jurídico, conselheiro legal.
Legal Cap. Papel de ofício, habitualmente nas dimensões de 22 por 33 cm.
Legend. Inscrição, legenda.
Leg-Man. Repórter geral, repórter sem setor.
Lemon. Algo desagradável, pessoa chata.
Letterhead. Cabeçalho, papel timbrado.
Lettering. Dizeres, rótulo.
Letter of Application. Carta de pedido de colocação, requerimento.
Lining recording. Gravação original, gravação em primeira mão.
Link. Geração e transmissão de imagens na televisão para outra fonte geradora, anel de corrente.
Lip Service. Adulação, bajulação.
Lip-Syne (Lip Synchronization). Sincronização labial, dublagem.
Listener. Ouvinte, espião.

Live Coverage. Cobertura de um acontecimento ao vivo pelo rádio ou TV.
Lobbying. Grupo de pressão junto ao legislativo.
Lobbystman. Traficante de influência, pessoa que influencia os legisladores.
Lobster Shift. Turno da madrugada, turma que trabalha de madrugada.
Local Government. Governo local, prefeitura municipal.
Log-Roll (to). Fazer conchavos, participar de conchavos políticos.
Lonq Ranqe. Longo alcance, longo percurso.
Long-Shot. Tomada de uma cena global na filmagem, palpite.
Look-In. Vista rápida, olhada.

M

Mail. Correspondência, mala postal.
Mailing List. Lista dos correspondentes, rol de destinatários.
Mainframes. Computadores de grande porte utilizados para centralizar as informações e toda a informática de uma organização.
Make Light (to). Desprezar, fazer pouco caso de.
Make Out (to). Entender, decifrar.
Make-Up. Maquilage, caracterização.
Make-Up (to). Compor, paginar.
Man in the Gray Flannel Suit. Publicitário, homem de relações públicas.
Management. Gerência, administração.
Mar (to). Deitar a perder, corromper.
Mark Dowh (to). Remarcar para baixo, fazer promoção.
Marker. Marcador, monumento comemorativo.
Market. Mercado, praça comercial.
Marketing. Técnica de anunciar e estudar as possibilidades de produção, comercialização.
Marsh (to). Arranjar, pôr em ordem.
Mass Media. Veículos de comunicação, meios de comunicação massiva.
Master. Matriz de disco, disco negativo.
Master Mind. Processo de criatividade, "abertura da mente".
Master Shifter. Capataz, responsável por turma de trabalhadores.
Mat (Matrix). Matriz de jornal, flan.
Matter-of-fact. Prático, positivo, trivial.
Mayor. Prefeito, presidente da Câmara Municipal.
Measure Up (to). Corresponder, estar à altura.
Media. Meios publicitários, veículos de comunicação de massa.

Media-Criticism. Crítica analítica e opinativa sobre os veículos de comunicação massiva.
Meeting. Reunião, assembléia ou convenção.
Membership Committee. Comissão de admissão de sócios, comissão de sindicância de novos sócios.
Memory Board. Quadro magnético, tábua de avisos.
Merchandise. Mercadoria, mercância.
Merchandising. Técnica de apresentar e acondicionar o produto.
Merger. Fusão, consolidação de várias corporações numa só.
Micography. Microfotografia, exame com microscópio.
Microgroove. Microssulco em discos, ranhura.
Middleman. Intermediário, corretor.
Milling. Movimento a esmo de pessoas em presença umas das outras, tornando-se mais sensíveis, e, assim, cada vez mais preocupadas umas com as outras e menos sensíveis aos estímulos alheios ao grupo.
Mind Map. Mapa da mente, mapeamento de idéias, método de anotação.
Minicab. Táxi-mirim, táxi para dois passageiros.
Misnomer. Nome impróprio, troca de nomes.
Misprint. Erro de imprensa, erro tipográfico.
Mob. Turba, multidão ativa.
Mock-Up. Imitação em tamanho natural de manequim, aparelho para fins de estudo.
Modem. Placa colocada no computador, que permite transmitir dados por linha telefônica comum, variando sua capacidade que se reflete na velocidade de transmissão e recebimento de dados.
Monkey Suit. Traje a rigor, uniforme militar.
Morgue. Arquivo de jornal ou revista, seção de consulta.
Mortage (Mortgage). Hipoteca, gravame.
Motor Court. Hotel para motoristas, motel.
Mould (Mold) (to). Moldar, influir.
Mouth-Piece. Intérprete, porta-voz.
Movie. Filme cinematográfico, película de cinema.
Movie Camera. Máquina de filmar, filmadora.
Moviegoer. Freqüentador de cinema, fã de cinema.
Moviscop. Ampliador de imagem, moviscópio.
Muckrake (to). Revolver estrume, divulgar fato vergonhoso.
Mumbo-Jumbo. Ritual de feitiçaria, cerimonial de magia.
Muzak. Música ambiente, música gravada e transmitida em alto-falantes.

N

Nerds. "Caxias", crente.
Net. Rede, lucro ou peso líquido.
Network. Rede de transmissão, cadeia de emissoras.
Newcast. Notícia irradiada ou televisionada, rádio ou telejornal.
News. Notícia, novidade.
News Feature. Reportagem ou artigo jornalístico destacado.
Newsgroup. Foro público para discussão de assuntos de interesse dos participantes, normalmente criado na Internet.
Newsletter. Carta de notícias, noticioso em forma de carta.
Newsman. Vendedor de jornal, jornaleiro.
Newspaper. Jornal, diário.
Newspaperman. Jornalista, homem de jornal.
Newsreel. Jornal cinematográfico, cinejornal.
News Release. Comunicado de imprensa, boletim de notícias.
News Story. Reportagem, noticioso.
Newsy. Jornaleiro, noticioso.
Nit-Pick (to). Preocupar-se com detalhes, procurar minúcias.
No Account. "João-ninguém", coitado.
Nonstop. Direto, vôo sem escalas.
Notice. Aviso, conhecimento.
Note. Nota, comentário.
Notice (to). Notar, citar.
Number One. Importante, principal.

O

Objective. Propósito, objetiva de máquina fotográfica.
Odd Job. Biscate, trabalho extra.
Odds. Vantagem, chance.
Off-Print. Exceto, separata.
Office. Escritório, gabinete.
Officer. Membro do quadro de um escritório, agente.
Official. Autoridade, alto funcionário público.
Officialdow. Funcionalismo público, burocracia.
Off-Set. Processo de litografia, tipo de reprodução.
Off-Stage. Voz ou ação que acontece fora de cena.
Off the Record. Informação confidencial, fora de registro.
On the Button. Na hora certa, no horário.
On the House. Oferta da casa, por conta da firma.

On the Inside Track. Com influência, com acesso a informações especiais.
Onlooker. Espectador, assistente.
One Horse. Insignificante, pequenino.
One Shot. Tomada em *close-up*, única apresentação de um artista.
One Shot Assignment. Um só serviço ou tarefa.
One Spot Assignment. Serviço ou tarefa para um só país.
Open-and-Shit. Óbvio, evidente.
Open Door. Política de portas abertas, política comercial de ampla franquia.
Operate (to). Administrar, dirigir.
Opportunity. Oportunidade, ocasião propícia.
Organizational Chart. Organograma, gráfico.
Out-Door. Propaganda ao ar livre, cartaz exterior, tabuleta externa.
Out of Print. Edição esgotada (livro, revista etc.).
Out-Put. Produção, exsumo.
Outfit. Equipamento, grupo associado a uma empresa.
Outgoing. Que está de partida, saliente.
Outlay. Despesas, desembolso.
Outlet. Meio de publicação, mercado para determinado produto.
Outline. Esboço, croquis.
Output. Resultado, rendimento no trabalho.
Outspeak (to). Falar claro, falar melhor do que os outros.
Over-All. Global, tudo incluído.
Overheads. Gastos indiretos, despesas gerais.
Overlapping. Leitores comuns a mais de um periódico, ouvintes e telespectadores de duas ou mais emissoras.
Overlook (to). Passar por alto, deixar passar, supervisionar.
Overlooking. Inspeção, revisão.
Overrun. Prática comercial que permite entregar e cobrar dez por cento a mais do material impresso encomendado.
Over the Transon. Oferecimento não requisitado, material submetido a um veículo sem solicitação.
Overtime. Serão, trabalho extraordinário.

P

PA (Public Address). Alto-falante.
Package. Programa completo de rádio ou TV a ser vendido, pacote.
Packard. Enlatado, rolo.
Pad (to). "Encher lingüiça", preencher o tempo de um programa.

Page (to). Paginar, chamar alguém pelo nome em saguão de hotéis.
Panel. Painel, mesa-redonda aberta.
Panelyst. Membro de painel, painelista.
Paper Cutter. Guilhotina, máquina de cortar papel.
Paragrapher (Paragraphist). Redator de sueltos, comentarista.
Pard. Parceiro, sócio.
Part Time. Tempo parcial, meio período.
Part Time Worker. Empregado de meio período.
Parvenu. Adventício, empregado incapaz promovido.
Pass on (to). Passar adiante, opinar.
Patron. Patrono, freguês.
Paste-Up. Colagem, montagem, arte-final.
Pay Installment. Pagamento em prestações, pagamento em parcelas.
Pay Off (to). Saldar, subornar.
Peck Shot. Cena final de um filme de propaganda.
Performance. Desempenho, espetáculo.
Personnel. Pessoa, corpo de funcionários.
Phony (Phoney). Fraudulento, vigarista.
Photografic Library. Arquivo de fotos, fototeca.
Photography. Arte fotográfica, fotografia.
Photoplay. Peça para filme, filme baseado em peça teatral.
Picturephone. Telefone que transmite simultaneamente som e imagem, telefone audiovisual.
Piece of New. Notícia, nota.
Pin-Point Interview. Entrevista especial, entrevista comentada.
Pin-Up. Fotografia de mulher atraente, brejeirice.
Pin Up (to). Segurar com alfinetes, prender.
Pipe-Laying. Emprego de pistolão político, maquinações políticas.
Pirate (to). Roubar, plagiar.
Pitfall. Armadilha, dificuldade imprevista.
Pitch. Argumento, ângulo de abordagem.
Place (to). Colocar uma notícia para publicidade, dispor.
Plain Woords. Palavras simples, vocábulos singelos.
Plan (to). Planejar, projetar.
Planning. Projeto, planejamento.
Plant. Fábrica, instalações.
Plant-Tour. Visita às instalações, giro pela fábrica.
Plate-cliche. Chapa fotográfica, gravura.
Playlet. Encenação, peça teatral curta.
Plink (to). Atirar em alvos escolhidos, emitir sons breves e metálicos.

Plot. Enredo de peça, diagrama ou mapa.
Plug. Anúncio radiofônico, pílula noticiosa.
Plugger. Locutor de comerciais, *speaker* de anúncios de rádio.
Plutogogue. Assessor de plutocrata, bajulador de milionário.
Point Out (to). Salientar, deixar claro.
Policy. Programa de ação, apólice de seguro.
Political Boss. Líder político, cabo eleitoral.
Poll. Eleição, escrutínio.
Pollster. Perito em pesquisa de opinião, entendido em opinião pública.
Pool. Fusão de companhias para especular, comunhão temporária de interesses.
Posh. Luxuoso, alinhado.
Post (to). Pregar cartazes, informar.
Poster. Cartaz afixado, anúncio, mensageiro.
Practitioner. Profissional liberal, médico clínico.
Pratfall. Gafe, derrota vergonhosa.
Preconditioning. Preliminares, condição prévia.
Press. Imprensa, jornalismo.
Press-Agency. Agência de publicidade para a imprensa, agência de imprensa.
Press-Agent. Agente publicitário, assessor de divulgação.
Press-Box. Reservado de imprensa, sala de jornalistas.
Press-Bureau. Agência noticiosa, agência jornalística.
Press Conference. Entrevista coletiva à imprensa, reunião com a imprensa.
Press-Information. Boletim de notícias, comunicado para a imprensa.
Press-Kit. Material para a imprensa, conjunto de informações para os jornalistas.
Press-Release. Comunicado de imprensa, boletim de imprensa.
Pressure Group. Grupo de interesse, grupo de pressão.
Preview (Prevue). Pré-estréia, ante-estréia.
Prey (to). Exercer má influência, afligir.
Prime Time. Horário nobre no rádio e TV.
Print. Letras de fôrma, cópia fotográfica, folha de papel emitida pela impressora (*printer*).
Printer. Impressor, gráfico, impressora ligada à central de computadores.
Prize. Prêmio, recompensa.
Proceeds. Lucro, renda.
Process (to). Beneficiar, industrializar.
Process Consultation. Consultoria de procedimentos, técnica de Desenvolvimento Organizacional.

Producer. Produtor, empresário.
Progression Schedule. Tabela de progressão de níveis salariais, quadro de acesso na carreira.
Propaganda. Propaganda ideológica, propaganda religiosa.
Proposition. Proposta de negócios, empreendimento.
Prospect. Cliente em perspectiva, expectativa.
Public. Público, agrupamento espontâneo.
Public Affairs. Assuntos públicos, assuntos civis.
Public Affairs Man. Homem de assuntos públicos, militar de relações públicas.
Public Communications. Comunicação pública, comunicação com o público.
Public Information Service. Serviço de Informações ao Público.
Public Interest. Interesse público, interesse social.
Public Limelight. Foco público, em grande evidência.
Public Mind. Espírito público, juízo público.
Public Opinion. Opinião pública, opinião do público.
Public-Pulse. Opinião pública, pulso do público.
Public Relations Man. Homem de Relações Públicas, relator público.
Public Relations Specialist. Especialista de Relações Públicas, profissional de Relações Públicas.
Public Relations Wise. Conhecimento de relações públicas, entendimento de relações públicas.
Publicity. Publicidade, divulgação.
Publicity Owned Corporation. Sociedade de capital aberto.
Publish (to). Publicar, pôr em circulação.
Publisher. Editor, administrador de jornal ou revista.
Puff. Anúncio berrante, bazófia.
Puffery. Propaganda espalhafatosa, bajulação.
Puff-Sheet. Publicação que dá notícias favoráveis aos seus anunciantes.
Pull. Influência política, proteção.
Pulp. Revista barata, polpa de fruta.
Punch Line. Parte de discurso ou anúncio que causa impacto.
Put Forth (to). Publicar, tornar manifesto.
Puzzle. Enigma, charada.
Puzzle Contest. Concurso de charadas, concurso de adivinhações.

Q

Quackery. Vigarice, clarlatanismo.
Quaintness. Excentricidade, esquisitice

Queer. Suspeito, dinheiro falso.
Quips. Observações jocosas, piadinhas.
Quipster. Contador de piadas, comentador sarcástico.
Quire. Caderno não costurado de vinte e quatro folhas.
Quiz. Enigma, teste.
Quiz Show. Programa de TV de perguntas e respostas com valiosos prêmios.
Quota Sampling. Amostragem por cotas ou classes.

R

Rack. Prateleira, estante, cavalete.
Racket. Clamor, atividade ilícita.
Radio Announcer. Locutor de rádio, *speaker*.
Radio Times. Radiojornal, noticiário radiofônico.
Random Sampling. Amostragem fortuita, amostragem aleatória.
Rank. Posição, classe social.
Rank Order. Posição hierárquica, ordem hierárquica.
Rapport. Relação harmoniosa entre pessoas, concordância.
Rating. Classificação, censura.
Raw Information. Informação pura, informação na fonte.
Reach. Alcance, extensão, capacidade.
Readability. O que é legível ou de leitura agradável, legibilidade.
Reader. Leitor, revisor (tipográfico).
Reader Advertisement. Anúncio em forma de redação, anúncio disfarçado.
Real Estate. Bens de raiz, imóveis.
Realize (to). Perceber, dar-se conta.
Reciter. Narrador, declamador.
Record. Disco, registro.
Record Facilities. Discoteca, liquidação de discos.
Red Tape. Burocracia, formalidade.
Refill. Reenchimento, carga de caneta-tinteiro.
Relationship. Afinidade, relacionamento.
Release. Comunicado ou boletim de imprensa, distribuição de um filme.
Release Date. Comunicado para a imprensa com data fixada para sua publicação.
Remake (to). Reconstruir, restaurar.
Render (to). Prestar serviços ou informação, traduzir.
Repartee. Resposta pronta e espirituosa, réplica.
Replay. Repetição de cena gravada em videofita.

Report. Relatório, informação.
Representative. Parlamentar, deputado.
Reprint. Prova de anúncio já publicado, separata.
Research. Pesquisa, sondagem.
Research Tools. Instrumentos de pesquisa, instrumentos de investigação.
Resort. Veraneio, estação.
Respondent. Réu, quem responde a questionário de pesquisa.
Retailer. Revendedor, varejista.
Rewind. Em rotação, fita de gravador.
Rewriter Man. Redator, Reescrevedor.
Ring. Grupo de pessoas trabalhando ilicitamente, organização de açambarcadores.
Ringh. Sineiro, aplauso frenético.
Role. Papel, representação.
Role-Play. Dramatização, psicodrama.
Rota System. Sistema de rodízio, organização de escala de plantão.
Rough. Esboço, rascunho.
Roundabout. Circunlóquio, indireto.
Round-Table. Mesa-redonda, reunião questionadora.
Round Trip Ticket. Bilhete de viagem de ida e volta.
Royalty. Direitos de exploração comercial, direitos autorais, privilégio.
Rule. Filete, régua, norma.
Ruler. Administrador, régua
Rundown. Sumário, em estado precário, desmantelado.
Run-of-Paper. Colocação de anúncio em página indeterminada.
Run-On. Adicional, complementar.
Run-Through. Projeção-teste de filmes ou videofitas, ensaio, experimentação.

S

Sales Lead. Liderança de vendas, primeiro lugar em vendas.
Sales Promotion Aids. Auxílio de promoção de vendas, visuais de venda.
Sample. Amostra, prova.
Sandwich Course. Curso teórico prático, curso com estágio.
Sassy. Insolente, malicioso.
Scab. "Fura-greve", trabalhador não-sindicalizado.
Schedule. Programação das datas de inserção de anúncios, organização de horários.
Scholar. Erudito, bolsista.

Scoop. Furo jornalístico, notícia de primeira mão.
Scotch-Light. Papel fluorescente colocado nos painéis das rodovias.
Scrap-Book. Pasta de recortes, álbum de recortes.
Scraper. Motoniveladora, raspadeira, avarento.
Screen. Tela de cinema, filmes em geral.
Screen (to). Projetar filmes, passar pelo crivo.
Script. Parte escrita de programa de rádio ou TV. Texto de peça teatral, roteiro de cinema.
Self-Mailer. Prospecto impresso enviado pelo correio sem envelope ou envoltório.
Selvage. Ourela, orla de tecido.
Set. Cenário, decoração.
Set Abroad (to). Divulgar, publicar.
Setting. Cenário, composição tipográfica.
Shape-Up. Contratação de trabalhadores para colheitas, alinhamento de trabalhadores em perspectiva para seleção.
Share. Ação, título.
Shareholder. Acionista, quotista.
Sharing. Partilha, participação.
Sharper. Vigarista, trapaceiro.
Sheer. Puro, vestido transparente.
Sheet. Folha, lâmina, lençol.
Shenanigan. Besteira, fraude.
Shiffle (to). Agir com subterfúgios, remanejar.
Shimmy. Vibração excessiva, dança agitada, folga na direção.
Shoot (to). Filmar, fotografar.
Shooting Script. Texto de filmagem, guião.
Short. Curta-metragem, abaixo da média, breve.
Short hand Typist. Estenodatilografo.
Short Term Basis. Por tempo limitado, de fôlego curto.
Shot. Seqüência ininterrupta de uma tomada de imagem, fotografia.
Show. Programa de rádio ou TV, espetáculos.
Show-Case. Mostruário, mostrador.
Show-Time. Aparelho que marca o tempo de projeção de um espetáculo, marcador de tempo de um espetáculo.
Showing. Exposição, mostra de exibição.
Sid-Kick. Auxiliar, assistente.
Side. Lateralidade, texto indireto de notícia. Vide *Sidebar.*
Sidebar. História secundária que acompanha a notícia principal.

Signature. Prefixo musical, característica musical de um programa de rádio ou TV, ato de assinar.
Silk-Screen. Serigrafia, processo de impressão que se utiliza da seda.
Silver Anvil Awards. Premiação da PRSA aos melhores programas de Relações Públicas, outorga da bigorna de prata.
Simulcast. Programa simultaneamente transmitido em rádio e TV.
Single Out (to). Eleger, selecionar.
Single Side Band. Faixa lateral superior (rádio), faixa lateral privada.
Sketch. Historieta, pequena peça teatral, croqui, rascunho.
Skip. Salto, pulo, omissão.
Skunk (to). Esculachar, esculhambar.
Slack. Período de inatividade, atividade diminuída.
Slant. Tendência, ponto de vista.
Slick. Publicação impressa em papel brilhante, revista em capa lustrosa.
Slide. Diapositivo, lâmina publicitária.
Slogan. Frase de propaganda, lema.
Slush Fund. Dinheiro para suborno, fundos para "engraxar" os canais oficiais.
Smear (to). Manchar reputação, derrotar completamente.
Smell-Feast. "Papa-jantares", "Arroz-de-festa".
Smidgen. Tiquinho, coisa ínfima.
Smug. Aluno estudioso, "Caxias".
Soap Opera. Radionovela, peça escrita para Rádio ou TV.
Sociable. Amigável, reunião social, informal.
Socialite. Pessoa da alta sociedade, grã-fino.
Socko. De retumbante sucesso, de êxito total.
Soft Money. Moeda de países de economia instável, moeda sujeita a violentas flutuações.
Soft Sell. Motivação, persuasão indireta de vendas.
Soft Soap. Lisonja, adulação.
Soft Spoken. Afável, de fala macia.
Software. Utilização de equipamento, funcionamento de mecanismo, programa de computador.
Sop. Presente, suborno.
Sound Track. Trilha sonora, parte do filme reservada à gravação do som.
Source. Origem, fonte de informações.
Sparkplugs. Faíscas de velas de motor, partes essenciais.
Speach. Discurso, oração.
Speak Up (to). Falar mais alto, dizer duramente.

Speaker. Locutor, presidente do Poder Legislativo.
Speech. Alocução, declaração formal.
Speed Up. Trabalho extra sem remuneração, correspondente, apressamento.
Spectacular. Show de TV em cores, grande luminoso.
Spike (to). Prender ou bloquear uma notícia, frustrar.
Spin Off. Programa de TV com personagens já conhecidos de séries anteriores.
Split Screen. Colocação de duas ou mais imagens na tela de TV ou cinema sem superposição.
Spokesman. Orador, porta-voz.
Sponsor. Padrinho de funcionário novo, patrocinador.
Spoof. Paródia, trapaça.
Sporty. Brincalhão, espalhafatoso.
Spot. Discos com propaganda sem música, determinado horário em rádio ou TV, ponto de iluminação.
Spot Announcement. Comunicado radiofônico, proclamação de rádio local.
Spotjob. Tarefa determinada, trabalho marcado.
Spotlight. Refletor de palco, publicidade.
Spread. Juro variável, expansão, taxa de risco.
Squib. Reportagem curta em jornal ou revista, sátira.
Stack. Pilha de livros, conjunto de estantes numa biblioteca.
Staff. Quadro de diretores e chefes, estado-maior.
Stage. Palco, local de eventos.
Stagecraft. Arte de escrever ou encenar peças teatrais.
Staggering. Arranjo, acordo.
Stall (to). Passar o tempo, parar de trabalhar.
Stand. Pavilhão, peça de madeira e metal que serve para a exibição de produtos em uma feira, estrado.
Stand-By. Auxílio, de prontidão, aguardar a vez.
Stand-In. Extra, figurante.
Standard. Padrão, modelo, página de 54cm de altura por 33,5cm de largura.
Standpoint. Ponto de vista, ponto de partida.
State Dining-Room. Salão de banquetes, salão de luxo.
Statecraft. Arte de governar, administração pública.
Stem From (to). Originar-se, provir de.
Step-Ladder. Escada portátil, escada de abrir.
Sticker. Rótulo gomado, auto-colante colorido, espinho.
Still. Fotos à porta de cinema, reclame cinematográfico com fotos.

Stingy. Avarento, "pão-duro".
Stockholder. Acionista, investidor.
Stock-Jobber. Agiota, especulador.
Stock Piece. Peça de grande atração, chamariz.
Storage. Arquivo de informações, armazenamento.
Story. Artigo de jornal, reportagem.
Story-Board. Desenho de cada *shot* de um programa ou anúncio.
Stratifield Sampling. Amostragem estratificada, amostragem por categorias.
Street Name. Ações que são conservadas pelo corretor para investir.
Stringer. "Bico", ocupação secundária.
String Man. Repórter de setor, repórter especializado.
Strip. Tira, faixa.
Stunt. Truque, atração.
Sub-Edited. Original alterado ou reduzido, nota reescrita.
Sucker. Parasita, chupim.
Suit. Causa, processo, termo.
Suite. Conjunto de salas, apartamento luxuoso em hotel e em hospital.
Sum. Teor, parte primordial.
Summit (Conference). Conferência de cúpula, reunião de alto nível.
Sun-Glass. Lente de aumento, lupa.
Supply Reel. Filme de curta metragem, filme complementar.
Surtax. Sobretaxa, taxa suplementar.
Survey. Pesquisa, levantamento.
Swing Shift. Segundo turno, turno noturno.
Switch (to). Mudar de câmera, mudar os ângulos da câmera.
Syllabus. Sumário, roteiro escolar.
Syndicate. Agência de notícias, associação literária ou publicitária.
Syrupy (Sirup). Xaroposo, melado.

T

Table (to). Arquivar, pôr em discussão.
Table-Tops. Série de imagens filmadas uma a uma, peça publicitária em televisão.
Take. Tomada de cena, "tomada".
Take Air (to). Manifestar-se, tornar-se público.
Take Off. Caricatura, decolagem.
Take On (to). Assumir, empreender.
Take Over (to). Suceder, assumir a direção.

Taking. Lucro, ato de fotografar.
Talebearing. Mexericos, ação de difundir boatos.
Talk Into (to). Persuadir, convencer.
Talkiestrips. Filme sonoro, diafilme sonoro.
Tall Story. Mentira, história inacreditável.
Tame Speech. Discurso insípido, discurso fastidioso.
Tape. Fita magnética ou métrica.
Target. Alvo, pessoa ou objeto vítima de ataque ou crítica.
Task. Tarefa, serviço.
Teach-In. Série de palestras, técnica de protesto.
Team Up (to). Associar-se, coligar-se.
Team Work. Trabalho de equipe, trabalho coletivo.
Tear Sheet. Comprovante, cópia comprobatória.
Teaser. Brincalhão, situação embaraçosa, anúncio que antecede a campanha publicitária.
Techniques (Technics). Técnicas, práticas.
Technical Skills. Habilidades técnicas, habilidades práticas.
Telecaster. Locutor de TV, artista de televisão.
Teleconference. Termo geral para qualquer tipo de conferência que se utiliza da rede de telecomunicações.
Telephone-Booth. Cabina telefônica, reservado telefônico.
Telepromter. Ponto de TV, quadro de leitura, "dália".
Teleprinter. Teletipo, teleimpressor.
Televiewer. Telespectador, pessoa que assiste à TV.
Tell It to Sweeny. Diga-o ao "zé povinho", diga-o aos trouxas.
Terms Communication. Condições de comunicação, modos de comunicação.
Test Pattern. Desenho geométrico para testar transmissão de TV, filme baseado em *best-seller*.
The Lamp of Service. Troféu oferecido pela Canadian Public Relation Society aos maiores profissionais de Relações Públicas, a partir de 1975.
Tibbit. Notícia indiscreta, notícia sensacionalista.
Tie-In. Técnica promocional, técnica de vendas de duas ou mais empresas dentro do mesmo ramo.
Tie-Up. Greve, impasse.
Tight Money. Restrição de crédito, escassez de capitais.
Timetable. Cronograma, horário.
Timing. Adaptação, cronometragem, sincronização.
Tip. Aviso, sugestão aplicável.

Tip-Top. De primeira classe, excelente.
Tirade. Discurso longo, invectiva.
Toastmaster. Apresentador, mestre de cerimônias.
Top. Pessoa de destaque, pessoa grada, líder.
Top-Dog. Chefão, "manda-chuva".
Top Executive. Alto dirigente. executivo.
Topical. Assunto corrente, atual.
Top Kick. "Manda-chuva", magnata.
Top Management. Alta gerência, alta administração.
Top Notcher. Líder autêntico, pessoa superior.
Touch Upon (to). Tocar, tratar de.
Tourist Court. Hotel para turistas motorizados, motel.
Trade Fair. Feira de produtos, exposição comercial.
Trade-Ins. Prestações, vendas a prestação.
Trade Mark. Marca registrada, marca comercial.
Traduce (to). Denegrir, caluniar.
Trailer. Reboque, filme curto de propaganda.
Trainee. Estagiário, pessoa que está sendo treinada.
Training. Treino, instrução.
Trait. Traço característico, peculiaridade.
Trait Photograph. Quadro de características profissionais, formulário de numerosas características de trabalho.
Transceiver. Estação terrestre capaz de receber e transmitir, simultaneamente, um sinal.
Transfer. Serviço de transporte entre hotéis e aeroportos ou portos, traslado.
Transient. Hóspede, pensionista.
Translate (to). Traduzir, verter.
Transparency (transparence). Transparência, diapositivo.
Travesty. Paródia, imitação grotesca.
Trends. Tendência, direção.
Trick. Fraude, truque.
Troubleshooter. "Quebrador de galhos", pessoa hábil para resolver dificuldades.
Trust. Monopólio, cartel.
Truster. Fiador, avalista.
Turnoff. Ponto de discordância, ramal de estrada.
Turn Out. Aglomeração, assembléia.
Turn Out (to). Produzir, fornecer (mercadorias).
Turnover. Movimento das vendas, flutuação de empregados.

Twaddle (to). Papaguear, dizer bobagens.
Tweeter. Pequeno alto-falante para sons de alta freqüência.
Tycoon. Magnata, "tubarão".
Type Page. Área impressa de uma página, parte impressa dentro das margens.
Two-May Channel of Communication. Duas mãos de canais de comunicação, dois sentidos de comunicação.
Two-Way Street. Rua de duas mãos, via de ambas as mãos.

U

Undercover. Secreto, encoberto.
Underdog. Injustiçado, prejudicado.
Underplot. Enredo, ação secundária.
Unfazed. Impassível, insensível.
Unique. Original, invulgar.
Unload (to). Vender rapidamente mercadorias a baixo preço, livrar-se de.
Unlooked-for. Imprevisto, descoberta ocasional em pesquisa.
Uplink. Estação terrestre capaz de transmitir sinal de videoconferência para um satélite.
Up to Date. Em dia, moderno.
Upper Case. Letras maiúsculas, o mesmo que *caps*.
Upper Crust. Alta sociedade, elite.
Upper House. Senado, Câmara dos Pares.
Usance. Praxe de pagamento, usura.
Utility. Empresa de serviço público, ação.

V

Vails. Gorjeta, aviso de boas novas.
Valedictorian. Orador oficial, aquele que faz o discurso de despedida.
Valedictory. Discurso ou oração de despedida.
Variorum. Edição de vários, edição de livro com várias críticas.
Vassity. Representação esportiva universitária, equipe esportiva de uma escola.
Veep. Qualquer vice-presidente, vice-presidente dos EUA.
Velvet. Veludo, lucro fácil.
Vent (to). Tornar público, ventilar.
Videoconference. Um tipo de conferência em que os participantes usam TV para ver e ouvir pessoas de outros lugares.
Videotape. Videofita, fita plástica utilizada para registrar imagem e som.

Vip. Pessoa importante, personalidade grada.
Vocal Film. Filme sonoro, filme falado.
Voice (to). Divulgar, sonorizar.
Voucher Copy. Comprovante, cópia comprobatória.
Vup. Pessoa sem importância, pessoa modesta.

W

Wacky (Whacky). Informal, excêntrico.
Waist Close-Up. Tomada de câmera da cintura para cima.
Walkover. Abandono de competição, vitória por desistência do adversário.
Walkie-Talkie. Transceptor portátil, radiotransmissor e receptor portátil.
Want Ads. Anúncios classificados, pequenos anúncios.
War Surplus. Sobras de guerra, restos de material de guerra.
Watch. Turno de guarda, período de trabalho.
Weeding. Seleção de pessoal e material por indesejável e supérfluo, peneiragem.
Welfare Agency. Instituição de caridade, entidade beneficente.
Well-Fixed. Próspero, abastado.
White Collar Worker. Pessoal de escritório, funcionário administrativo.
Whiz Kid. Jovem executivo brilhante, conselheiro destacado de pouca idade.
Winding Up. Liquidação, término.
Windward. Trabalho de autor (livro, pintura etc.), ocupação.
Wirephoto. Fotografia a distância, telefoto.
Wire Pulling. Influência secreta, intriga política.
Wired Television. Televisão de circuito fechado, circuito privado de televisão.
Wise Up (to). Inteirar-se, ficar sabendo.
Words. Disputa verbal, texto.
Work Off (to). Tirar provas tipográficas, livrar-se de.
Work Out (to). Funcionar, dar um jeito.
Workbook. Manual de instrução, livro escolar.
Workable. Capaz de ser trabalhado ou manejado, praticável.
Workshop. Oficina, centro de reciclagem.
Wow. Atração principal, sucesso espetacular.
Write-Up. Relatório, reportagem ampla.
Writer. Articulista, escritor.
WWW. Word Wide Web, responsável pela popularização da Internet, é o conjunto de instalações de multimídia, que pode ser acessado graficamente, segundo Sônia Penteado.

X

X. Filme para adultos, nota de dez dólares.
Xmas. Natal, festividade natalina.

Y

Yahov. Brutamontes, grosseiro.
Yak (Yuk). Pilhéria, piada dita no rádio.
Yap. Tagarelice, "prosa fiada".
Yarn (to). Contar história, conversar.
Yearbook. Anuário, almanaque.
Year Calendar. Ano civil, exercício anual legal.
Yellow Press. Imprensa amarela, imprensa sensacionalista.
Yen. Desejo ardente, ânsia.
Yes Man. Pessoa que concorda com o patrão, serviçal.
Youngling. Novato, calouro.
Yummy. Luxuoso, delicioso.

Z

Zany (to). Imitar, arremedar.
Zero Hour. Hora decisiva, hora "H".
Zillionaire. Pessoa excessivamente rica, bilionário.
Zincography. Zincogravura, zincografia.
Zip Code. Código Postal, CEP.
Zoning. Zoneamento urbano, fixamento de zonas.
Zoom Lens. Lentes de aproximação, lente cinematográfica.

Prof. Dr. CÂNDIDO TEOBALDO DE SOUZA ANDRADE

— Professor Titular da Escola de Comunicação e Artes da Universidade de São Paulo

— Conselheiro Permanente da Confederação Interamericana de Relações Públicas

— Jornalista, Advogado e Profissional de Relações Públicas

Autor das seguintes obras na área de Relações Públicas:

— *Para Entender Relações Públicas* — 4. ed. Loyola, 1994

— *Curso de Relações Públicas* — 5. ed. Atlas, 1994

— *Psicossociologia das Relações Públicas* — 2. ed. Loyola, 1989

— *Administração de Relações Públicas no Governo* — Loyola, 1982

— *Dicionário Profissional de Relações Públicas e Comunicação* — Saraiva, 1978 (esgotado)

— *Como Administrar Reuniões* — 2. ed. Loyola, 1995

— *Guia Brasileiro de Relações Públicas* — 6. ed. ABRP-SE, 1993

— *Bibliografia Latino-Americana de Relações Públicas e Opinião Pública* — 2. ed. Londrina, CIESURP, 1990

IMPRESSO NA

sumago gráfica editorial ltda
rua itauna, 789   vila maria
02111-031   são paulo   sp
telefax 11 **6955 5636**
sumago@terra.com.br

GRÁFICA
sumago

----------- dobre aqui -----------

```
ISR 40-2146/83
UP AC CENTRAL
DR/São Paulo
```

CARTA RESPOSTA
NÃO É NECESSÁRIO SELAR

O selo será pago por

summus editorial

05999-999 São Paulo-SP

----------- dobre aqui -----------

DICIONÁRIO PROFISSIONAL DE RELAÇÕES PÚBLICAS E COMUNICAÇÃO

summus editorial
CADASTRO PARA MALA-DIRETA

Recorte ou reproduza esta ficha de cadastro, envie completamente preenchida por correio ou fax, e receba informações atualizadas sobre nossos livros.

Nome: _____ Empresa: _____
Endereço: ☐ Res. ☐ Coml. _____ Bairro: _____
CEP: _____ - _____ Cidade: _____ Estado: _____ Tel.: ( ) _____
Fax: ( ) _____ E-mail: _____
Profissão: _____ Professor? ☐ Sim ☐ Não Disciplina: _____ Data de nascimento: _____

1. Você compra livros:
☐ Livrarias ☐ Feiras
☐ Telefone ☐ Correios
☐ Internet ☐ Outros. Especificar: _____

2. Onde você comprou este livro? _____

3. Você busca informações para adquirir livros:
☐ Jornais ☐ Amigos
☐ Revistas ☐ Internet
☐ Professores ☐ Outros. Especificar: _____

4. Áreas de interesse:
☐ Educação ☐ Administração, RH
☐ Psicologia ☐ Comunicação
☐ Corpo, Movimento, Saúde ☐ Literatura, Poesia, Ensaios
☐ Comportamento ☐ Viagens, *Hobby*, Lazer
☐ PNL (Programação Neurolingüística)

5. Nestas áreas, alguma sugestão para novos títulos? _____

6. Gostaria de receber o catálogo da editora? ☐ Sim ☐ Não

7. Gostaria de receber o Informativo Summus? ☐ Sim ☐ Não

Indique um amigo que gostaria de receber a nossa mala-direta

Nome: _____ Empresa: _____
Endereço: ☐ Res. ☐ Coml. _____ Bairro: _____
CEP: _____ - _____ Cidade: _____ Estado: _____ Tel.: ( ) _____
Fax: ( ) _____ E-mail: _____
Profissão: _____ Professor? ☐ Sim ☐ Não Disciplina: _____ Data de nascimento: _____

summus editorial
Rua Itapicuru, 613 – 7º andar   05006-000   São Paulo - SP   Brasil   Tel.: (11) 3872 3322   Fax: (11) 3872 7476
Internet: http://www.summus.com.br   e-mail: summus@summus.com.br